La photographie

Fiction & Cie

Susan Sontag
La photographie

essai / Seuil

Traduit de l'américain par
Gérard-Henri Durand et Guy Durand

Seuil, 27, rue Jacob, Paris 6ᵉ

CE LIVRE EST LE TRENTE ET UNIÈME TITRE
DE LA COLLECTION « FICTION & CIE »
DIRIGÉE PAR DENIS ROCHE

Titre original : *On Photography*
ISBN original : 0-374-22626-1
© 1973, 1974, 1977, Susan Sontag
Farrar, Straus and Giroux, New York

ISBN 2-02-005235-0
© 1979, Editions du Seuil,
pour la traduction française

Pour Nicole Stéphane

Tout a débuté par un essai — à propos de certains problèmes, moraux et esthétiques, posés par l'omniprésence des images photographiques ; mais plus je songeais à en cerner la nature, et plus ces problèmes me paraissaient à la fois féconds et complexes. Un premier essai fut suivi d'un second qui, j'en fus moi-même stupéfaite, donna naissance à un troisième, et ainsi de suite... toute une série d'essais sur le sens et l'utilisation des photographies — jusqu'au point où l'argumentation esquissée dans le premier, étayée et prolongée dans les essais suivants, se trouva reprise et définie de façon plus théorique, et arriva à sa conclusion.

Ces essais ont été publiés, en premier lieu et sous une forme légèrement différente, dans le *New York Review of Books* — et l'ensemble n'aurait probablement jamais été rédigé si je n'y avais été incitée par les encouragements prodigués par les rédacteurs, mes amis Robert Silvers et Barbara Epstein, qui me savaient obsédée par notre environnement photographique. Je leur exprime ma reconnaissance, ainsi qu'à mon ami Don Eric Levine, pour de nombreux et patients conseils et leur assistance toujours assidue.

Susan Sontag
mai 1977

1. Dans la caverne de Platon

L'humanité, installée dans la caverne de Platon, s'y attarde obstinément. Elle s'enivre encore, habitude immémoriale, des simples images de la vérité. Mais l'enseignement que dispensent les photographies est fort différent de celui dont étaient porteuses les images anciennes, beaucoup plus artisanales. D'abord, des images en bien plus grand nombre autour de nous suscitent notre attention. Le début de l'inventaire date de 1839 et, depuis lors, il semble que l'on ait à peu près tout photographié. Rien ne rassasie l'œil photographique et cette insatiabilité même est venue transformer les conditions de notre réclusion dans la caverne — le monde. Les photographies nous ont enseigné un nouveau code visuel, modifiant et élargissant ainsi les notions anciennes concernant les choses qu'il vaut la peine de regarder et celles que nous avons le droit d'observer. Elles nous procurent une grammaire et, mieux encore, une éthique de la vision. Finalement, l'intérêt capital de l'entreprise photographique est qu'elle nous donne l'impression que le monde entier peut venir s'assembler, en nous-mêmes, en une anthologie d'images.

Collectionner les photographies, c'est collectionner les formes du monde. Les programmes de cinéma et de télévision illuminent les murs, vacillent et s'éteignent ; mais, devenue cliché fixe, l'image est aussi un objet, léger, bon marché, facile à transporter, à accumuler, à mettre en réserve. Dans *les Carabiniers* de Godard (1963), deux « lumpen-paysans » fainéants s'enrôlent dans l'armée

11

royale, séduits par la promesse qu'il leur sera loisible de tuer, piller, violer et pressurer l'ennemi autant qu'il leur plaira — tout en faisant fortune. Mais la valise pleine de butin que, quelques années plus tard, Michel-Ange et Ulysse rapportent triomphalement à leurs épouses, ne contient rien, en fin de compte, que des centaines de cartes postales illustrées représentant des monuments, des grands magasins, des mammifères, des merveilles de la nature, des moyens de transport, des œuvres d'art et autres richesses recensées dans le monde entier. Ce gag de Godard parodie clairement la magie équivoque de l'image photographique. Les objets les plus mystérieux, qui composent et remplissent un environnement que nous appelons moderne, ce sont sans doute les photographies. Elles représentent vraiment de l'expérience « capturée », et l'appareil photographique est l'arme idéale de la conscience consommatrice.

Photographier, c'est en un sens s'approprier un objet. C'est entretenir avec le monde une certaine relation que l'on considère comme un savoir et, en conséquence, comme un pouvoir. Une première forme d'aliénation, différente et reconnue de nos jours, qui consistait à voir le monde à travers les signes abstraits de l'écriture, nous aurait apporté, estime-t-on, un surcroît d'énergie faustienne, d'énormes dégâts psychiques, de ceux qui nécessitent l'établissement des sociétés inorganiques modernes. Mais ces caractères imprimés, qui servent à filtrer la présence du monde pour en faire un objet purement mental, semblent d'une nature moins pernicieuse que les images photographiques, images qui alimentent une grande partie de notre connaissance du passé et de notre compréhension du présent. A vrai dire, ce qui s'écrit à propos d'une personne ou d'un événement est simplement une interprétation, tout comme les *prises de position visuelles* que constituent les dessins et les peintures. Quant aux images photographiques, elles ressemblent beaucoup moins à des opinions que l'on émet sur les aspects du monde qu'à des fragments détachés, à des miniatures de la réalité, que n'importe qui est capable de fabriquer ou peut acquérir.

Les photographies, qui se jouent des dimensions du monde, peuvent elles-mêmes être réduites, agrandies, scindées, retouchées, truquées. Elles vieillissent, selon le processus de dégradation qui caractérise les objets en papier ; elles s'effacent ; elles acquièrent une valeur marchande, on les achète et on les vend ; on en fait des reproductions. Mettant le monde en paquets, les photographies incitent à les collectionner par lots entiers. On les insère dans des albums, on les encadre, on les dispose sur des tables, on les épingle aux murs, on en fait des diapositives. Journaux et magazines les utilisent ; la police s'efforce de les déchiffrer ; les musées les exposent ; les éditeurs les « archivent » par milliers.

L'ouvrage imprimé a constitué, depuis des décennies, le procédé de diffusion le plus efficace pour présenter, et en général pour miniaturiser, les photographies — en leur apportant, à défaut d'immortalité, une garantie de longue existence (objets fragiles, les photos se déchirent aisément ou s'abîment) ainsi que la possibilité de toucher un plus large public. Incluse dans un livre, la photographie est évidemment l'image d'une image. Mais, s'agissant au départ d'une surface impressionnée, lisse et maniable, une photographie perd beaucoup moins de ses qualités spécifiques qu'une peinture quand elle est reproduite dans un livre. Cependant, le livre n'est pas un procédé entièrement satisfaisant de mise en circulation d'une série de clichés. L'ordre des pages indique la façon dont il conviendrait de suivre la séquence visuelle des reproductions, mais rien n'empêche le lecteur de s'écarter de cet ordre, et rien ne précise le temps qu'il conviendrait de consacrer à l'examen de chacune d'elles. Le film de Chris Marker, *Si j'avais quatre dromadaires* (1966), orchestration brillante d'une méditation sur des séries de thèmes photographiques, propose une manière plus subtilement rigoureuse de rassembler (et d'agrandir) les images fixes. L'ordre des photographies, comme le temps

13

de passage de chacune d'elles, est imposé : il en résulte un gain appréciable, en ce qui concerne la facilité de la lecture visuelle et l'impact émotionnel. Mais les photographies, une fois filmées, cessent d'être des objets que l'on peut collectionner, comme elles le sont quand elles ornent les pages des livres.

Les photographies témoignent de l'existence de certaines réalités, dont nous doutions après en avoir entendu parler, et qui semblent irréfutables quand on nous montre un cliché qui les représente. La fourniture de pièces à conviction constitue une des applications utilitaires de la reproduction photographique. Utilisées pour la première fois par la police parisienne pour traquer impitoyablement les communards, en juin 1871, les photographies sont devenues un instrument indispensable pour la surveillance et le contrôle des populations, celles-ci étant de plus en plus mobiles dans les Etats modernes. Une autre application utilitaire du document photographique sera de prouver la réalité d'un fait. Une photo est considérée comme le témoignage irréfutable qu'un certain événement s'est produit. L'image peut déformer, mais elle permet toujours de penser qu'il existe, ou qu'il a existé, quelque chose d'analogue à ce qui se voit sur le cliché. Quelles que soient les déficiences du simple amateur, ou les prétentions artistiques du professionnel, le photographe paraît toujours entretenir avec la réalité visuelle un rapport plus innocent, et en ce sens plus exact, que celui qui résulte du recours à d'autres modes de représentation. Des virtuoses de l'image noble, comme Alfred Stieglitz et Paul Strand, qui composèrent pendant des décennies des séries de photographies d'un impact inoubliable, cherchaient encore par-dessus tout à donner à voir « ce qui est », tout aussi bien que le détenteur d'un polaroïd qui considère les clichés comme un moyen commode et rapide de prendre des notes, ou le chasseur d'images

14

armé d'un Brownie, qui tire des instantanés pour conserver des souvenirs de la vie quotidienne.

Une peinture ou une description littéraire ne seront jamais que des interprétations étroitement sélectives, alors que la photographie, qui est aussi sélection, peut être regardée comme une transparence. Mais, malgré l'impression de véracité dont les photographies sont porteuses, et qui en fait à la fois l'intérêt, l'autorité et l'attrait, les rapports troubles et ambigus qui sont ceux de l'art et de la vérité n'épargnent pas les travaux du photographe. Même s'ils sont particulièrement soucieux de donner de la réalité une image exacte, les photographes demeurent soumis aux impératifs implicites de leurs goûts personnels et de leur conscience. Vers la fin des années trente, dans le cadre d'un programme d'aide à l'agriculture, des spécialistes pleins de talent avaient été chargés d'effectuer des séries de prises de vue. Ceux-ci, parmi lesquels se trouvaient Walker Evans, Dorothea Lange, Ben Shahn, Russell Lee, prirent — de face — des dizaines de clichés de chacun des petits paysans qui posaient pour eux ; jusqu'à ce qu'ils fussent certains d'avoir saisi sur la pellicule l'expression du visage correspondant précisément à leurs propres conceptions de la pauvreté, de la lumière, de la dignité, de la densité de l'image, de l'exploitation économique de l'homme, et de la géométrie. En décidant de l'apparence que doit prendre un cliché, en choisissant une prise de vue de préférence à une autre, les photographes imposent toujours des normes subjectives à leurs modèles. Bien qu'en un sens l'appareil photographique s'empare de la réalité et ne l'interprète pas, les photographies n'en demeurent pas moins, de même que les dessins ou les tableaux, des interprétations des apparences du monde.

Ces cas-là, où la prise de vue a lieu sans discrimination, d'une façon relativement innocente, et où l'opérateur s'efface, ne retirent rien au caractère didactique de l'entreprise tout entière. C'est cette passivité — cette ubiquité — de l'enregistrement photographique qui constitue le « message photographique » lui-même, son agression.

Des images idéalisantes, comme en général les photographies de mode et les représentations d'animaux, sont tout aussi agressives que celles qui se font une vertu de la plus plate franchise — comme les représentations de déshérités, les natures mortes aux tonalités sombres, ou les scènes prises sur le vif. L'utilisation d'un appareil photographique comporte toujours implicitement une agression. On le constate, avec la même évidence, au cours des deux premières décennies glorieuses de la photographie — celles des années 1840 et 1850 — et au cours de toutes celles qui suivirent et où se développa une technologie entraînant de plus en plus la généralisation d'une mentalité qui ne pouvait voir le monde que sous la forme d'une série de photographies à faire. Déjà, pour les maîtres de la première époque, comme David Octavius Hill ou Julia Margaret Cameron, qui utilisaient encore l'appareil photographique comme un moyen d'obtenir des images ressemblant à des tableaux, les objectifs de la prise de vue étaient fort différents de ceux que poursuivaient les peintres. La photographie impliquait, dès ses débuts, la possibilité de se saisir d'un nombre illimité de sujets. Jamais la peinture n'a eu un champ d'action aussi « impérial ». Par la suite, l'industrialisation de la technologie photographique a simplement eu pour effet de permettre l'accomplissement de cette potentialité qui était dans la photographie depuis ses origines : populariser toutes les formes d'expérience en les transposant en séries d'images.

Au temps des appareils de poche, si pratiques, qui nous invitent tous à la prise de vue, fort lointaine nous paraît l'époque où la réalisation de photographies exigeait un impressionnant équipement, encombrant et coûteux — passe-temps des gens riches ou de quelques passionnés, adroits et ingénieux. Les premiers appareils, fabriqués en France et en Angleterre au début des années 1840, n'étaient utilisés que par leurs inventeurs et quelques fanatiques. Ce n'était pas des « amateurs » puisqu'il n'y

16

avait pas encore de photographes de métier comme la prise de vue n'avait pas d'utilité sociale clairement définie : il s'agissait d'une activité gratuite, autrement dit à caractère artistique, bien qu'elle n'eût pas encore la prétention d'être véritablement un art. La photographie ne serait reconnue comme une activité artistique que dans le temps même où elle s'industrialiserait. Les travaux des photographes trouvèrent, grâce à cette industrialisation, une valeur d'usage dans la société, tandis que les critiques formulées à l'encontre de cette utilisation renforcèrent finalement chez certains la conviction qu'ils étaient des artistes.

Plus récemment, la photographie est devenue un divertissement dont la pratique est presque aussi largement répandue que celles de la danse ou du sexe ; ce qui veut dire, comme dans le cas de toutes les formes d'activité artistique de masse, que la plupart de ceux qui s'adonnent à la pratique de la photographie ne la considèrent pas comme un art. Il s'agit surtout d'un rite social, d'un moyen de défense contre l'angoisse, et d'un instrument de pouvoir.

Pérenniser le souvenir des membres du cercle familial — ou de tout autre groupe social —, telle fut la première utilisation populaire de la photographie. Elle est devenue, depuis plus d'un siècle, presque aussi inséparable de la cérémonie du mariage que les formules verbales prescrites par la loi. L'appareil photographique retrace les épisodes de la vie familiale. Selon les conclusions d'une enquête sociologique, en France presque chaque foyer possède son appareil photographique, mais on a deux fois plus de chances d'en trouver au moins un dans une famille où il y a des enfants que dans un foyer qui en est privé. On considère comme un signe d'indifférence de la part des parents le fait qu'ils ne se soucient pas de photographier leurs enfants, particulièrement quand ceux-ci sont très jeunes, et, de même, si un adolescent ne veut pas garder de photo de sa classe, on verra là le signe d'un esprit de rébellion.

Grâce aux photographies, chaque famille construit sa propre histoire en images — une série de clichés peu encombrants qui témoignent des liens parentaux. Les gestes et activités qui sont ainsi saisis ont peu d'importance, c'est la photographie elle-même qui compte et les sentiments qui s'y attachent. La photographie devient un rite de la vie familiale au moment où, dans les pays industrialisés d'Europe et d'Amérique, l'institution de la famille est elle-même profondément mise en cause et quasiment amputée. Tandis que le noyau du couple, unité fermée, se séparait du cercle plus large de la grande famille, la photographie rappelait le souvenir de chacun de ses membres, réaffirmait symboliquement une continuité menacée et l'extension d'un cadre de vie familiale en voie de disparition. Signes de piste fantasmatiques, les photographies évoquent la présence des membres de la parenté dispersée. En général, l'album de photographies de famille rassemble tous ses membres dans un très large cercle — et c'est souvent tout ce qui reste de cette unité fictive.

Les photographies, qui nous procurent l'impression de saisir dans l'imaginaire les formes d'un passé devenu irréel, nous aident également à prendre possession d'un espace dans lequel nous nous sentons mal à l'aise. La photographie se développe ainsi de concert avec l'une des activités modernes les plus caractéristiques — le tourisme. Pour la première fois dans l'histoire, un très grand nombre de personnes s'éloignent, pour de courtes périodes de temps de leur lieu de résidence habituel. Et voyager pour son plaisir sans se munir d'un appareil photographique paraît vraiment contraire à l'ordre naturel des choses. Les clichés apporteront la preuve irréfutable de la réalité du voyage, du respect du programme prévu, des joies qu'il a procurées. Ils fournissent des séries de documents sur ce temps passé loin du cercle de la famille, des amis, de tout le voisinage. Mais ceux qui voyagent de façon plus habituelle ne font pas moins de cas de l'appareil photographique, devenu pour eux un moyen pratique d'inscrire dans la réalité l'apport de leur expérience. Les touristes cosmopolites qui vont contempler, à bord de leur bateau, les sites de la haute vallée du Nil ou passer une quinzaine de jours en Chine, n'éprouvent pas moins de satisfactions à accumuler leurs trophées photographiques que les ouvriers ou employés qui profitent de leur congé pour prendre des vues de la tour Eiffel ou des chutes du Niagara.

La prise de vue, qui permet d'authentifier la réalité de l'expérience, est aussi un moyen de s'en distancer, en limitant l'expérience à une recherche de l'élément photogénique, en la transformant en image mémorisée, en *souvenir*. Le voyage se transforme en stratégie de la prise de vue et de l'accumulation des clichés. L'occupation qui consiste à prendre des clichés est en elle-même tranquillisante, elle apaise les impressions de dépaysement exacerbées au cours du voyage. La plupart des touristes semblent contraints d'interposer le truchement de l'appareil photographique entre leur personne et ce qu'ils rencontrent de remarquable. Incertains de la réaction des tiers, ils prennent un cliché. Et cela devient une forme d'expérience habituelle : arrêtons-nous, prenons une photo, et partons plus loin. La méthode paraît particulièrement attrayante pour des nationaux — Allemands, Japonais, Américains — chez qui l'éthique du travail a pris la forme d'un dogme. L'utilisation d'un appareil photographique apaise le sentiment d'anxiété qu'éprouve le travailleur alors qu'il ne travaille pas, qu'il se trouve en vacances et est censé se payer du bon temps. Il a quelque chose à faire — une sorte de travail d'agrément —, il peut prendre des photos.

Les plus fervents amateurs de prises de vue, chez eux ou à l'étranger, sont apparemment ceux qui ont été privés de leur passé. Les habitants des régions industrialisées ont dû peu à peu renoncer aux formes de leur passé ; mais dans certains pays, comme le Japon ou les Etats-

Unis, la rupture avec le passé a été particulièrement brutale. Le modèle parfait du touriste de la période 1950 et 1960, l'Américain aux poches pleines de dollars, ignorant, exubérant, content de lui, a fait place, au début des années 1970, à celui plus énigmatique du Japonais, délivré récemment de sa prison insulaire par le miracle d'un yen surévalué, qui voyage en groupe et débarque, armé généralement de deux appareils, un sur chaque hanche.

La photographie est devenue un des principaux moyens d'accès à une expérience des choses qui donne l'impression de la participation. Un grand placard publicitaire offre l'image d'un groupe d'individus debout, serrés les uns contre les autres, regards fixés sur le lointain, paraissant tous, à l'exception d'un seul, accablés, abasourdis, inquiets ; celui dont l'expression est différente a l'œil fixé au viseur d'un appareil de poche — il a l'air tranquille et presque souriant. Ses compagnons sont à l'évidence des spectateurs alarmés et passifs, tandis que la possession d'un appareil photo a suffi à le transformer : il s'active, c'est un « voyeur » — lui seul a la maîtrise de la situation. Que voient-ils tous ? Nous ne le savons pas, et peu importe. Il s'agit d'un événement, quelque chose qui vaut la peine d'être vu et, en conséquence, d'être photographié. En lettres blanches, se détachant sur un fond noir couvrant le tiers de la surface, comme les nouvelles se détachant sur le ruban d'un télétype, la légende du placard publicitaire se compose simplement de ces six mots : « ... Prague... Woodstock... Vietnam... Sapporo... Londonderry... LEICA. » Espérances étouffées, canulars d'étudiants, guerres coloniales et sports d'hiver — tout est au même titre valable pour l'œil de l'appareil photographique. La prise de vue fonde, avec le monde, une sorte de relation voyeuriste qui nivelle le sens de tous les événements.

Une photographie n'est pas simplement le résultat d'une rencontre entre un événement et le photographe : la prise de vue est en elle-même un événement qui

s'arroge des droits qui sont parmi les plus tyranniques :
le droit de pénétrer l'intimité, d'interférer, et celui de
refuser de comprendre ce qui est en train de se produire.
Notre façon d'appréhender une situation dépend désormais des interventions de l'appareil photographique. Sa
présence ubiquitaire vient nous persuader que notre époque est tissée d'événements intéressants, et qui valent
la peine d'être photographiés. Ainsi estimera-t-on volontiers qu'il faut laisser un événement, fût-il parfaitement
immoral, aller jusqu'à son terme, à seule fin de pouvoir
diffuser dans le monde une nouveauté à sensation — sa
photographie. Quand l'événement a pris fin, son image
ne cesse pas d'exister, lui conférant une sorte d'immortalité et une importance qu'il n'aurait jamais eue autrement. Pendant que des hommes sont en train de périr,
ou d'exterminer d'autres hommes parfaitement réels, un
homme (ou une femme) se tient derrière son appareil et
crée ce minuscule élément d'un autre monde : l'image
qui survivra à la durée de notre vie commune.

La prise de vue est essentiellement un acte de non-inter-
vention. L'horreur inspirée par de mémorables réussites
de nos photo-reporters contemporains — comme cette
image d'un bonze vietnamien en train de s'asperger
d'essence, ou celle d'un guérillero enfonçant sa baïonnette
dans le corps d'un collaborateur lié à un poteau — provient pour une part de cette impression qu'au moment où
le photographe avait le choix entre la prise de vue et le
sauvetage d'une vie, il a choisi la photographie. Celui
qui s'interpose ne peut pas fixer la scène, celui qui fixe
la scène ne saurait intervenir. Le très beau film de Dziga
Vertov, *l'Homme à la caméra* (1929), nous présente le
photographe comme un homme perpétuellement en mouvement qui, sur le plateau panoramique où se déroulent
des événements très différents, se déplace avec tant d'agi-
lité et de rapidité qu'il ne saurait intervenir en aucun cas.
Fenêtre sur cour, d'Hitchcock (1954), nous apporte l'image
complémentaire : interprété par James Stewart, le photographe participe intensément au déroulement d'un évé-

nement par l'intermédiaire de son appareil, car il s'est cassé la jambe et est incapable de quitter son fauteuil roulant. Son immobilisation temporaire lui interdit d'intervenir dans la scène qu'il observe, si bien que la nécessité de la prise de vue lui paraît plus impérieusement importante. Même s'il est incompatible avec toute intervention physique, l'usage d'un appareil photographique est encore une forme de participation. L'opérateur d'un appareil photo se trouve à un poste d'observation, mais la prise de vue n'est pas un acte d'observation purement passif. Comme le voyeurisme érotique, c'est une façon d'encourager, au moins tacitement, souvent de manière explicite, l'accomplissement de ce qui est en train de se produire. On a tout avantage, quand on prend un cliché, à ce que les choses demeurent dans l'état où on veut les saisir, à ce que rien ne change — au moins pendant le temps nécessaire à la prise d'une « bonne » image —, ce qui implique une certaine connivence avec ce qui fait qu'un sujet offre un intérêt, vaut la peine d'être photographié — y compris si ce qui le rend intéressant provient du malheur ou de la douleur d'autrui.

« J'avais toujours pensé, écrivait Diane Arbus, que la photographie était une occupation diabolique. C'était là un de mes sujets de réflexion favoris, et je me suis sentie vraiment perverse la première fois où je m'y suis livrée. » On peut estimer que le métier de photographe professionnel est une activité condamnable ou « diabolique », pour reprendre le qualificatif d'Arbus, lorsque le photographe recherche des sujets peu honorables, tabous ou marginaux ; il paraît cependant bien difficile de nos jours de trouver des sujets de cette sorte. Et en quoi consiste exactement cet aspect pervers de la prise de vue ? Si le photographe éprouve fréquemment une excitation sexuelle alors qu'il se trouve derrière l'objectif de son appareil, le caractère pervers de cette excitation provient-il du fait qu'elle est à la fois plausible et totalement inadéquate ? Dans le film d'Antonioni, *Blow-up* (1966), on voit le photographe, le corps agité de sursauts convulsifs, se pencher sur le corps de Verushkha, tandis que son appareil tremble et cliquette. S'agit-il là d'instincts pervers ? En fait, l'utilisation d'un appareil photographique n'est pas un bon moyen de parvenir à l'étreinte amoureuse. Il y a fatalement une distance entre le photographe et son sujet. Une caméra ne violente pas, pas plus qu'elle ne saurait étreindre : mais elle peut se montrer abusive, déranger, empiéter, déformer, exploiter, et, dans un sens purement métaphorique, elle peut même assassiner — toutes activités qui, contrairement à l'acte sexuel, peuvent être conduites à distance de leur objet, et non sans quelque détachement.

Un cas de perversion sexuelle beaucoup plus violent nous est présenté dans le film étonnant de Michael Powell, *Peeping Tom* (*le Voyeur*, 1960). Il ne s'agit pas d'un simple voyeur indiscret, mais d'un psychopathe dément qui tue les femmes au moment où il les filme, en se servant d'une arme dissimulée dans sa caméra. Il ne touche jamais ses sujets. Ce n'est pas leur corps qu'il désire, mais bien leur présence sous cette forme d'images filmées qui lui rappellent l'expérience de leur mort, et qu'il projette chez lui en y prenant un plaisir quasiment masturbatoire. Le film témoigne de l'existence de certains liens entre l'impuissance et l'agressivité, entre la vision professionnelle et la crua t il évoque le rapport possessif imaginaire entre il et son sujet. Ainsi la représentation phallique méra est comme une variante affaiblie d'une m que nous utilisons tous sans en avoir claireme science. Cette symbolique obscurcie apparaît néanm de façon assez évidente quand nous parlons de « cha ger » et de « braquer » un appareil et de « prendre » (*shooting*) des images.

L'appareil photographique des temps anciens était beaucoup plus encombrant et plus difficile à recharger qu'un browning. L'appareil moderne aspire à être une arme qui tire des projectiles de lumière. Voici, par exemple, une légende publicitaire :

> Le Yashica Electro-35 GT, l'appareil dernier cri dont votre famille va être ravie. De jour ou de nuit, vous prendrez de superbes clichés. Automatiquement. Sans aucun risque d'erreur. Visez, cadrez, appuyez sur le déclic. Le cerveau électronique et le diaphragme GT feront le reste.

L'appareil, tout aussi bien que l'automobile, est présenté au client éventuel comme un instrument prédateur, automatisé au maximum, prêt à fondre sur sa proie. Le goût populaire exige un perfectionnement technique invisible apparemment et d'utilisation facile. Les fabricants assurent leur clientèle que la prise de vue ne demande ni habileté ni connaissances particulières, que le savoir est incorporé à la machine, que celle-ci est apte à répondre à la plus légère indication de la volonté — aussi simple que la pression du doigt sur un bouton d'allumage ou sur une gâchette.

Les appareils photographiques, comme les armes de poing et les automobiles, sont d'étonnantes machines dont le maniement habituel agit comme une drogue sur l'imagination de leurs utilisateurs. Néanmoins, en dépit des outrances du langage ou de la publicité, ce ne sont pas des instruments meurtriers. Sous le vocabulaire hyperbolique de réclames publicitaires assimilant la voiture à un projectile, on retrouve à tout le moins cette part de vérité que les voitures tuent plus de monde que les armes à feu — sauf naturellement en temps de guerre. L'appareil photo revolver ne tue pas, et l'inquiétante métaphore n'est apparemment qu'un bluff — comme celui de l'homme qui prétend avoir entre ses jambes un instrument d'acier, un pistolet ou un couteau. Néanmoins, il y a une sorte d'agressivité prédatrice dans l'acte de la prise de vue. Photographier quelqu'un, c'est lui faire violence, le voir comme il ne se voit jamais lui-même, le connaître comme il ne se connaîtra jamais : c'est faire de lui un objet que l'on peut symboliquement posséder. De même que l'appareil photographique est la représentation sublimée d'une arme à feu, l'acte de photographier quelqu'un équivaut à la sublimation d'un meurtre — une sorte de crime adouci qui convient à la mentalité d'une époque peureuse et triste.

Il ne saurait être exclu que l'homme apprenne à agresser ses semblables en se servant d'appareils photographiques beaucoup plus que d'armes à feu : il en résulterait un monde plus étouffé encore par les images que celui que nous connaissons. Cette situation, où l'on renonce aux projectiles pour tourner des films, est celle que nous voyons se développer en Afrique orientale, où les chasseurs ne sont plus armés de Winchester mais d'Hasselblad ; au lieu de prendre la ligne de mire sur le cran de visée, ils cadrent l'image à travers le viseur de l'appareil photographique. Dans le Londres de la fin du siècle dernier, Sam Butler se plaignait de la présence d' «un photographe derrière chaque haie, errant comme un lion rugissant en quête d'une proie à dévorer ». C'est le photographe désormais qui s'attaque à de vrais fauves, pourchassés et devenus trop rares pour qu'il soit encore permis de les tuer. Les fusils se sont transformés en appareils photographiques dans cette comédie très sérieuse, le safari écologique, du fait que la nature a cessé d'être ce qu'elle avait toujours été — un environnement dont l'homme cherchait à se protéger. C'est la nature, désormais domptée, menacée et mortelle, qui a besoin d'être protégée. On tire quand on a peur, mais, quand on est d'humeur nostalgique, on prend des photos.

Nous vivons un temps de nostalgie, et les photographies contribuent activement à promouvoir cette conscience nostalgique. La photographie est un art élégiaque, un art de la décadence. Les sujets que l'on photographie revêtent pour la plupart, et par la vertu même de cet acte, un aspect pathétique. Un sujet grotesque ou d'une grande laideur pourra paraître émouvant du fait que le photographe lui aura fait l'honneur de le juger digne d'attention. Un sujet d'une beauté remarquable sera baigné d'une impression de tristesse à la suite de la déchéance, du vieillissement ou de la disparition de l'original. Toutes les photographies sont ainsi des *memento mori*. Prendre un cliché, c'est participer à la vulnérabilité, à la nature instable et mortelle d'un être ou d'une chose. En découpant dans le vif et en gelant l'instant qui passe, chaque photographie porte témoignage de la fuite impitoyable du temps.

Les appareils photographiques avaient commencé par fournir des duplicata des réalités du monde au moment où les perspectives d'une vertigineuse mutation apparaissaient sur les horizons que parcourt le regard de l'humanité, au moment où étaient détruites, en un bref espace de temps, des formes multiples de la vie biologique et de l'existence sociale. On pouvait disposer d'un appareil qui permettait de préserver l'image de tout ce qui était en voie de disparition. Il est à peu près impossible de retrouver ces aspects d'un Paris sombre et bizarre, aux réseaux complexes, dont témoignent les photographies d'Atget et de Brassaï. De même que l'album de famille préserve le souvenir des parents et amis disparus, en conjurant les angoisses ou les remords que provoque leur disparition, les photographies de quartiers qui ont cessé d'exister, de petites places aux aspects villageois défigurées ou transformées en terrains vagues, nous permettent d'entretenir quelques relations familières avec le passé.

Une photographie est à la fois une présence figurée et un rappel de l'absence. Comme un feu de bois allumé dans une chambre, les photographies — particulièrement celles qui représentent les personnes, les paysages, les cités lointaines, tout un passé disparu — sont des incitations à la rêverie. L'impression d'une impossibilité de saisir que l'on éprouve devant les photographies ne fait que renforcer l'aspiration amoureuse à la présence provoquée par l'éloignement. La photographie de l'amant, cachée dans le sac à main de la femme mariée, l'image publicitaire d'une vedette du rock, épinglée au-dessus du lit d'un adolescent, le badge, représentant le visage d'un homme politique, accroché au revers du veston de ses supporters, les photos de ses enfants qu'un chauffeur de taxi va coller sur le pourtour de son rétroviseur — toutes ces reproductions photographiques, utilisées comme des talismans, sont l'expression d'un état d'esprit, à la fois sentimental et implicitement sensible à la magie. Il s'agit de tentatives d'atteindre — ou d'en appeler à — un au-delà des réalités.

Les photographies sont à même de susciter le désir sous ses formes les plus directes ou le plus grossièrement utilitaires — comme chez ceux qui collectionnent les clichés de sujets anonymes, prototypes de l'objet désirable qui incite à la masturbation. Le problème est plus complexe lorsque les photographies sont utilisées pour provoquer ou stimuler des réactions morales. Le désir n'a pas de dimensions historiques — à tout le moins, il se manifeste, dans chaque cas, en tant qu'expérience immédiate, issue des profondeurs. Il est commandé par des archétypes, et, en ce sens, il est abstrait. Mais les sentiments moraux sont inséparables d'une histoire dont les structures sont toujours spécifiques, dont les personnages sont des êtres concrets. La fonction utilitaire de la photographie se rattache ainsi étroitement à deux principes, en réalité contradictoires : l'incitation du désir et l'éveil de la conscience. Les images qui vont mobiliser la réflexion consciente sont toujours rattachées à une situation historique donnée ; et elles auront d'autant moins d'efficacité qu'elles seront d'un ordre plus général.

Une photographie témoignant d'un état de misère ignoré du public n'aura d'impact réel sur l'opinion que pour autant qu'elle sera en concordance avec le contexte général des sentiments et des attitudes. Les photographies qu'avaient prises Matthew Brady et ses émules du spectacle horrible qu'offraient les champs de bataille de la guerre de Sécession n'empêchèrent nullement l'opinion populaire de demeurer favorable à sa poursuite. Des images de prisonniers aux corps amaigris et aux vêtements en lambeaux, détenus à Andersonville, eurent pour effet d'enflammer de colère les populations du Nord à l'encontre des Sudistes. (L'effet produit par ces images d'Andersonville peut être attribué en partie à la nouveauté que constituait à cette époque la vue de photographies.) Le niveau élevé de sensibilisation et d'intelligence politique auquel étaient parvenus, au cours des années 1960, un grand nombre d'Américains, devait leur permettre — en regardant des photographies prises par Dorothea Lange en 1942 et représentant le transfert d'immigrés de la côte ouest vers des camps d'internement — de reconnaître, dans le sujet ainsi exposé, le véritable crime qu'avaient commis les autorités gouvernementales à l'égard de nombreux citoyens des Etats-Unis. Dans les années 1940, on n'aurait pu trouver, parmi la population, qu'une infime minorité susceptible d'avoir des réactions aussi franches, car le consensus général de l'opinion en faveur de la guerre ne pouvait que saper les bases mêmes de ce jugement. Des photographies ne sauraient à elles seules fonder une prise de position morale, mais elles peuvent aider à son établissement, ou la renforcer quand elle commence à se manifester.

Les photographies peuvent laisser une impression plus forte que les images mobiles, car elles découpent une tranche nette dans la durée, au lieu d'en imiter l'écoulement. La télévision offre à la vue un flux d'images, plus ou moins bien choisies, dont chacune vient annuler l'effet de celle qui la précède. Une photographie, c'est un moment privilégié, transformé en un mince objet que l'on peut conserver et regarder à loisir. Une photo, comme celle qui parut, en 1972, sur la première page des journaux dans plusieurs pays du monde — l'image d'un enfant sud-vietnamien, dénudé après avoir été aspergé de napalm lors d'un raid américain, et qui, sur une route, court en direction de l'appareil, les bras étendus, en hurlant de douleur —, a probablement fait plus pour stimuler l'hostilité de l'opinion publique à l'égard de la guerre que n'auraient pu faire une centaine d'heures d'actualités télévisées retraçant l'atroce spectacle des opérations. On aimerait croire que l'opinion publique américaine n'aurait pas aussi unanimement approuvé la guerre de Corée si lui avaient été présentées les images photographiques des ravages incroyables que subissait ce pays — écocide et génocide plus radicaux, sous certains aspects, que ceux qui, une décennie plus tard, seraient infligés au Vietnam. Mais la conjecture est vaine. Le public ne pouvait pas voir ces photographies, car, idéologiquement, elles n'étaient pas pour lui acceptables. Personne n'a rapporté d'images de la vie quotidienne à Hanoi, montrant que l'ennemi avait un visage humain, comme Felix Greene et Marc Riboud le firent en rapportant des photographies qui montraient la souffrance des Vietnamiens — bon nombre de ces vues prises par les militaires étaient destinées à un tout autre usage — parce que les journalistes avaient le sentiment que l'opinion les soutenait dans leur effort pour les obtenir et les présenter. Un nombre de personnes suffisamment important considérait ce conflit comme une affreuse guerre colonialiste. L'opinion publique avait éprouvé des sentiments fort différents à propos de la guerre de Corée — elle y voyait un épisode du combat légitime du monde libre contre la Chine et l'Union soviétique — et, compte tenu de cette caractéristique, des photographies montrant les effets cruels du pouvoir destructeur des armes américaines auraient paru hors de propos.

Par définition, l'événement est quelque chose qu'il peut valoir la peine de photographier, mais c'est l'idéologie, au sens le plus large, qui détermine ce qui va constituer un événement. On ne recueillera pas de documents et témoignages, photographiques ou autres, concernant un événement, tant que celui-ci n'aura pas été désigné et que ses caractéristiques ne seront pas apparues. Et aucun

29

document photographique n'est capable de construire — ou, plus précisément, d'identifier un événement : la contribution photographique est toujours postérieure à la désignation de celui-ci. L'existence d'une certaine conscience politique appropriée est indispensable pour que quelqu'un soit touché, au niveau de la conscience morale, par un événement particulier. A défaut de cette sensibilisation politique, les photographies des plus terribles tueries de l'histoire seraient sans doute considérées comme n'ayant aucun rapport avec la réalité, ou porteuses d'un effet de choc purement émotionnel et démoralisant.

Les sentiments que l'on peut éprouver à la vue des photographies d'êtres opprimés, exploités, affamés, ou des victimes de massacres, ainsi que leur impact sur la conscience morale, dépendent étroitement du degré d'accoutumance à la présentation de ces images. Les photographies de Don McCullin, du début des années 1970, représentant des Biafrais décharnés, avaient moins d'effet sur certains que les scènes de famine en Inde photographiées par Werner Bischof au cours des années 1950, car de telles images étaient devenues banales ; et, en 1973, les photographies de familles touareg mourant de faim dans le Maghreb, que publiaient partout des magazines, ne représentaient plus, aux regards de nombreux lecteurs, que l'exposition insupportable de scènes atroces devenues familières.

Les photographies n'ont un effet de choc que pour autant qu'elles offrent au regard quelque chose de nouveau. Malheureusement, la vision première est sans cesse suivie d'une relance, provenant pour une part de la prolifération de ces mêmes scènes. La première rencontre avec ces éléments recensés par la photographie et qui touchent au comble de l'horreur est une sorte de révélation — révélation caractéristique de la nature des temps modernes : le négatif d'une épiphanie. Ce furent pour moi les photographies des camps de Bergen-Belsen et de Dachau, que je découvris par hasard chez un bouquiniste de Santa Monica en juillet 1945. Rien de ce que j'ai pu voir depuis lors — en photographie ou dans la vie réelle — ne me fit jamais une impression plus vive, plus instantanée et plus profonde. Il me semble vraiment que je pourrais diviser ma vie en deux séquences : celle d'avant la vue de ces photographies — j'avais douze ans — et celle d'après, bien que je n'aie pu comprendre de quoi il s'agissait réellement que quelques années plus tard. La vue de ces photographies pouvait-elle en quoi que ce soit m'être bénéfique ? C'était simplement les images d'un événement dont j'avais à peine entendu parler, sur lequel je n'avais aucune prise — de souffrances qui étaient pour moi à peine imaginables, et je ne pouvais absolument rien pour les soulager. J'éprouvais en les regardant l'impression d'une rupture. Une limite était atteinte. Pas simplement celle de l'horreur : je me sentais frappée, blessée de façon irrévocable. Mais ma sensibilité commença à se durcir : en moi quelque chose était mort ; quelque chose encore ne saurait cesser de plaindre.

Subir la souffrance et vivre avec les images fixées de la souffrance sont des réalités différentes, et les photographies ne renforcent pas obligatoirement la conscience morale et l'aptitude à compatir. Elles peuvent même les corrompre. Quand on a vu de telles images, on est préparé à en voir d'autres, et sans cesse d'autres encore. Les images nous transpercent. Elles anesthésient. Un événement que nous connaissons par des photographies devient pour nous plus réel que si nous n'avions pas vu ces représentations. Pensons à la guerre du Vietnam. (Pensons à l'exemple contraire de l'Archipel du Goulag, dont aucune image n'a pu nous parvenir.) Toutefois, lorsque les images d'un événement ne cessent de se répéter, celui-ci devient à nos yeux moins réel.

Cette règle, vérifiée pour les atrocités, s'applique également dans le cas des images pornographiques. De même que s'émousse l'effet de choc des scènes atroces lorsqu'on les revoit de nouveau, de même s'affaiblissent la surprise et l'excitation trouble que l'on éprouve en voyant pour la première fois un film pornographique si l'expérience se renouvelle. L'impression de transgression d'un tabou qui nous révolte et nous indigne est à peine plus nettement marquée que le sentiment de l'existence d'un tabou qui intervient dans la définition d'un acte obscène. Et l'une et l'autre ont eu amplement l'occasion de se manifester au cours des plus récentes années. Un catalogue immense d'images de misère et d'injustice provenant du monde entier nous a rendu ces atrocités familières — l'horreur devenant à nos yeux plus banale, tandis que nous nous accoutumions à sa présence atténuée (« ce n'est qu'une photographie ») et apparemment inévitable. Lorsque sont apparues les premières photos des camps de concentration hitlériens, ce genre d'images était bien loin d'être banal. Trente ans plus tard, il semble que l'on soit arrivé à un point de saturation. Les photographies concernant ce thème, qui furent diffusées au cours des dernières décennies, ont estompé la prise de conscience au moins autant qu'elles l'ont éveillée.

Le contenu éthique des photographies est une chose fragile. Elles ne tardent pas, pour la plupart, à perdre leur potentiel émotif, à l'exception peut-être de celles qui évoquent l'horreur extrême, comme celles des camps nazis, prises désormais comme points de référence visuels d'une certaine éthique de l'humanité. Un cliché de l'époque 1900, dont le sujet paraissait alors émouvant, ne nous touchera sans doute aujourd'hui que du fait qu'il s'agit d'une photographie prise en 1900. Une impression de tristesse, dont sont porteuses les images du passé, tend à effacer les intentions premières et les qualités spécifiques des photographies anciennes. Il semble que l'examen des photographies comporte inévitablement une impression de distanciation esthétique, sinon à première vue, du moins à la suite du passage du temps. Cet effet de l'éloignement temporel fait qu'un grand nombre d'entre elles, fussent-elles de la façon la plus évidente réalisées par des amateurs, peuvent éventuellement s'élever au niveau de l'œuvre d'art.

L'industrialisation de la photographie a permis son incorporation rapide parmi les moyens ou processus rationnels — autrement dit, bureaucratiques — qui permettent de diriger la société. Cessant d'être considérées comme de simples passe-temps, les images photographiques ont pris place parmi les objets qui meublent notre environnement — elles constituent ainsi une attestation et la pierre de touche d'une démarche qui passe pour réaliste, tout en réduisant l'impact des réalités. En tant qu'objets symboliques ou comme éléments d'information, les photographies sont utilisées par d'importantes institutions de contrôle, notamment par la police et par l'ensemble de l'institution familiale. Ainsi, dans le vaste catalogue de l'identification administrative, nombre de documents importants ne seront valables que pour autant qu'ils sont authentifiés par la photo d'identité de la personne qu'ils concernent.

La représentation « réaliste » du monde, représentation conforme aux impératifs de toute bureaucratie, tend à faire de la connaissance une simple technique d'information. Les photographies sont appréciées, dans ce contexte, du fait de leur valeur informative. Elles sont capables de définir et d'inventorier ce qui existe : pour les agents de renseignement, les enquêteurs, les météorologues, les archéologues, et tous les autres professionnels de l'information, leur valeur est inestimable. Mais dans les situations où, d'une façon plus générale, elles sont utilisées par le grand public, la valeur informative des photographies est à peu près du même ordre que celle des ouvrages de fiction. A cette période de l'histoire de la culture, où l'on estime que quiconque a le droit de connaître ce que l'on appelle « les nouvelles », le type d'information dont les photographies peuvent être le véhicule paraît particulièrement important. Les photographies sont considérées comme un moyen facile de fournir des informations à tous ceux qui ne sont guère portés à s'adonner à la lecture. Le *Daily News*, qui s'intitule encore « Le quotidien new-yorkais en images », s'efforce de toucher une clientèle populaire. *Le Monde*, journal qui s'adresse à une clientèle de lecteurs compétents et bien informés, ne leur présente aucune photographie. Sans doute estime-t-on que, pour cette catégorie de lecteurs, une photographie ne ferait qu'illustrer de façon purement visuelle la teneur analytique des articles.

L'image photographique a permis de donner un sens nouveau à la notion même d'information. Aussi bien qu'un instant de la durée, une photographie représente une tranche découpée de l'espace. Dans un monde où règnent les images, toutes les limites (le cadrage) paraissent arbitraires. Tout peut être discontinu, divisé, séparé d'un ensemble : il suffit pour ce faire de cadrer le sujet sous un angle différent. (A l'inverse, tout peut être rapproché, envisagé comme contigu.) La photographie vient ainsi renforcer une conception nominaliste de la réalité sociale, qui se composerait d'unités fragmentaires, en nombre pratiquement illimité — de même que, d'un objet quelconque, on a la possibilité de tirer une infinité de clichés. A travers la photographie, le monde prend l'aspect d'une immense série de particules isolées, sans rapport entre elles, et l'histoire, passée ou présente, devient une collection d'anecdotes ou de *faits divers*. L'appareil photographique atomise la réalité, la convertit en objets, maniables et opaques. Il s'agit d'une conception du monde qui refuse l'interdépendance et la continuité, et qui confère à tous les instants les caractéristiques d'une mystérieuse énigme. Toute photographie peut prendre des significations multiples : voir la photographie de quelque chose, c'est en réalité se trouver en présence d'un objet chargé d'un certain pouvoir de fascination. En un sage appel à la réflexion, l'image photographique semble finalement nous dire : « Voici la surface — et maintenant pense, ou plutôt pressens, déduis, ce qui peut se trouver au-delà, ce que peut être la réalité qui prend cette apparence. » Les photographies, incapables de rien expliquer par elles-mêmes, sont toutes des invites à la déduction, à la spéculation, aux fantaisies de l'imagination.

La photographie exige une certaine connaissance du monde pour que l'aspect que l'appareil a reproduit soit accepté. Mais cette « réception » est toute différente de la compréhension, qui commence par un refus d'accepter le monde tel qu'il nous apparaît. De cette aptitude à nier dépend toute possibilité de comprendre. Au sens strict, une photographie ne peut pas être comprise. Certes, les photographies viennent combler des vides dans nos représentations mentales du passé et du présent : par exemple, les images d'un New York sordide des années 1880, que nous trouvons dans les photos de Jacob Riis, sont particulièrement instructives pour ceux qui ignoraient que la pauvreté urbaine dans l'Amérique de cette époque faisait si intensément songer aux descriptions de Dickens. Néanmoins, la façon dont l'appareil photographique rend compte de la réalité dissimule toujours plus qu'elle ne révèle. Ainsi que le note fort justement Brecht, une photographie des usines Krupp ne nous révèle pratiquement rien de leur organisation interne. Contrairement à la relation amoureuse, qui se fonde sur l'apparence des choses, la compréhension s'intéresse à leur fonctionnement. Et le fonctionnement se situe dans la durée, il doit s'expliquer dans un cadre temporel. Seul le mode du récit donne accès à la compréhension. Une connaissance du monde qui se fonde sur la photographie est en elle-même limitée, en ce sens que, tout en aiguillonnant la conscience, elle n'est en fin de compte ni une connaissance morale ni un savoir politique. Ce que des images fixes sont susceptibles de nous apprendre sera toujours mélangé d'affectivité, qu'il s'agisse en l'occurrence de pulsions humanitaires ou de sentiments cyniques. Nous aurons toujours affaire, en ce cas, à une sorte de savoir au rabais ou de seconde main — un simulacre de savoir, une apparence de sagesse —, de même que la prise de vue est comme une figure de la

35

possession, un faux-semblant de viol. L'absence d'explication sur un aspect des choses qui, par hypothèse, pourrait être compréhensible, fait à la fois l'attrait et le caractère provocateur des photographies. Leur omniprésence envahissante a des conséquences incalculables sur notre sensibilité et notre conscience. En ajoutant à un monde déjà encombré son « doublement » en séries d'images, la photographie nous conduit à penser que ce monde est beaucoup plus à notre portée qu'il ne l'est en réalité.

Nous avons sans cesse besoin que nous soit confirmée la réalité des choses, et notre expérience, soutenue et élargie par la vue des photographies, est une façon de goûter une saveur esthétique dont, comme d'une drogue, nous sommes désormais incapables de nous passer. Les sociétés industrielles font de leurs citoyens des drogués de l'image — forme de pollution mentale qui est devenue irréductible. Un poignant désir de beauté, le refus d'aller au-delà de la surface des choses, l'aspiration au rachat et à la célébration charnelle des formes du monde, tous ces éléments inséparables du flux érotique de la conscience trouvent leur expression dans la satisfaction que l'on éprouve à regarder des photographies. Mais d'autres pulsions, beaucoup moins libératrices, s'y expriment également. On pourrait parler d'une tendance irrésistible à regarder des photographies et à limiter l'expérience à cette forme de vision. On en arrive, en fin de compte, à confondre l'expérience avec une prise de vue qui lui donne sa qualité présente ; et, de plus en plus, la participation à un événement public se limite à en regarder les représentations photographiques. L'artiste le plus fidèle à la logique de son art qu'ait connu le XIXᵉ siècle, Stéphane Mallarmé, disait que tout au monde existe pour aboutir à un livre. Tout existe, de nos jours, pour aboutir à une photographie.

2. De l'Amérique,
à travers ses photographies,
sombrement

Dévoilant, selon la vision qui lui était chère, les perspectives d'une culture démocratique, Walt Whitman s'efforçait toujours de dépasser la différence entre laideur et beauté, valeur et médiocrité. Toute discrimination de cet ordre lui paraissait entachée de bassesse d'esprit ou de snobisme, sauf en ce qui concernait les valeurs les plus généreuses. Dans son délire inspiré, notre plus hardi prophète d'une révolution culturelle faisait appel avant tout au mode d'expression le plus sincère. Quiconque voulait saisir à bras-le-corps la réalité et l'expérience d'une Amérique moderne dans son intériorité vitale n'avait que faire de s'embarrasser des distinctions entre laideur et beauté. Toutes les apparences, même les plus triviales, vont s'illuminer dans cette Amérique whitmanienne — espace idéal, devenu réel par son histoire, où « les faits, dès leur apparition, sont inondés de lumière ».

La Grande Révolution culturelle de l'Amérique, annoncée dans la préface de la première édition de *Leaves of Grass* (1855), ne s'est pas produite, et ce fut une déception pour beaucoup bien que nul n'en ait été surpris. Un grand poète ne saurait à lui seul changer une atmosphère morale : même dans le cas où le poète recevra le soutien de quelques millions de Gardes rouges, l'entreprise ne sera pas facile. Comme tous les chantres de la révolution culturelle, Whitman pensait discerner les formes d'un art déjà soumis à la réalité et démystifié par elle. « Les Etats-Unis sont dans leur essence le poème le plus grandiose. » Mais comme la révolution culturelle se faisait attendre et que tout poème paraît moins grandiose à l'époque impériale qu'au temps de la République, quelques autres artistes furent les seuls à prendre au sérieux le grand projet whitmanien, affirmant l'excellence des valeurs populaires, la valorisation démocratique de la laideur comme de la beauté, de la trivialité ou de son contraire. Loin de s'être trouvés démystifiés par l'impact des réalités, les arts en Amérique — et l'art photographique notamment — aspiraient à procéder eux-mêmes à cette démystification.

Aux premières décennies de l'histoire de la photographie, les opérateurs estimaient que celle-ci devait être idéalisée. Tel est encore l'objectif de la plupart des photographes amateurs, pour lesquels une belle photo doit représenter une belle vue, celle d'un coucher de soleil ou d'un charmant visage de femme. En 1915, Edward Steichen photographiait une bouteille de lait suspendue à une échelle de fer — c'était là un des premiers exemples d'une conception différente du beau cliché photographique. Et, depuis les années 1920, les professionnels renommés, ceux dont les musées exposent les travaux, ont peu à peu délaissé la présentation de sujets d'aspect poétique, pour s'attacher très consciemment à l'exploration d'une matière première dépourvue d'attrait, banale, voire insipide. Plus récemment, les photographes se sont efforcés de remettre en cause les conceptions de la beauté et de la laideur les plus largement répandues — cela dans le sens même des propositions de Whitman. Si, comme le déclarait Whitman, « tout objet, toute condition, ou combinaison, ou processus possède une beauté qui lui appartient en propre », il devient arbitraire de sélectionner certaines choses comme si celles-là précisément étaient belles et les autres pas.

Photographier quelque chose, c'est lui conférer de l'importance. N'importe quel sujet peut sans doute être idéalisé ; et, d'autre part, comment les photographes n'accorderaient-ils pas de la valeur aux sujets qu'ils ont choisi de représenter ? Mais le sens attribué à cette valeur peut lui-même s'altérer — ainsi qu'on a pu le voir dans notre moderne civilisation de l'image, qui n'est qu'une parodie du credo whitmanien. Antérieurement à ce mouvement de popularisation de la culture, seules des célébrités étaient jugées dignes d'être photographiées. Mais dans le vaste domaine de l'expérience américaine, tel que Whitman le recensait avec passion et dont Warhol s'emparait avec quelques haussements d'épaules, il n'y avait plus que des célébrités. Tout instant a son importance spécifique, tout individu est intéressant au même titre que n'importe quel autre.

Un catalogue des photographies de Walker Evans, publié par le Museum of Modern Art, porte en épigraphe un passage de Whitman qui souligne le thème le plus prestigieux de toute l'histoire de la photographie américaine :

> Je ne doute pas que se trouve, à l'état latent dans la moindre parcelle de l'univers, toute la majestueuse beauté du monde. Je ne doute pas qu'il y ait dans les formes les plus banales, les insectes, les gens vulgaires, les esclaves, les nains, les déchets, les mauvaises herbes, infiniment plus que ce que je pouvais supposer.

Loin de penser qu'il supprimait la beauté, Whitman voulait la répandre sur toutes choses. C'est également ce qu'ont voulu, dans leur recherche controversée du banal et du vulgaire, des générations de photographes américains, parmi les plus talentueux. Mais l'idéal whitmanien, proposant de rendre compte, en toute franchise et dans sa totalité, de l'extravagante expérience d'une Amérique moderne, s'est altéré chez les photographes américains arrivant à une pleine maturité à la suite de la Première Guerre mondiale. Il n'est plus question, en photographiant des nains, d'obtenir une image majestueuse et belle, mais de présenter des nains. Art des images, d'abord reproduites et consacrées par le luxueux magazine *Camera Work* qu'Alfred Stieglitz publia de 1903 à 1917 et qu'il exposa de 1905 à 1917 dans sa galerie du 291, Cinquième Avenue à New York (dénommée d'abord Petite Galerie de la Photo-Secession, plus simplement « 291 ») — magazine et galerie représentant la plus ambitieuse tribune de défense et illustration des conceptions whitmaniennes —, la photographie américaine a évolué, passant de l'affirmation positive à une sorte de doute corrosif, jusqu'à devenir une sorte de parodie du programme culturel whitmanien. Walker Evans est le personnage le plus représentatif de cette époque. Il fut le dernier d'une série de photographes célèbres à s'inspirer sérieusement et avec assurance de l'humanisme euphorique de Whitman, poursuivant ainsi les recherches de toute une période précédente (celle des étonnants clichés d'immigrants et de travailleurs de Lewis Hine, par exemple) ; mais annonçant une manière plus froide, plus violente et plus sombre — comme dans la série prémonitoire des instantanés de voyageurs anonymes, pris de 1939 à 1941, dans le métro de New York, avec un appareil soigneusement dissimulé. Mais Evans avait déjà rompu avec le style déclamatoire de cette vision whitmanienne dont Stieglitz et ses disciples s'étaient faits les défenseurs, qui ne faisaient guère mieux que du Hine. Evans trouvait trop d'artifice chez Stieglitz.

De même que Whitman, Stieglitz ne voyait aucune contradiction dans le fait de concevoir son art comme un instrument d'identification avec une conscience communautaire, tandis que l'artiste lui-même devrait grandir dans l'expression héroïque et romantique de sa personnalité. Dans un recueil d'essais à la fois colorés et brillants, *Port of New York* (1924), Paul Rosenfeld reconnaissait en Stieglitz « un des grands défenseurs de la vie. Tout ce qui se trouve dans le monde de plus familier, de plus plat, de plus banal, trouve moyen de s'exprimer de façon complète par le truchement de ce spécialiste de la chambre noire et du bain révélateur ». Photographier, et par là même racheter ce qui est humble, ce qui est plat et banal, constitue également un ingénieux moyen d'expression personnelle. « Ce photographe, écrit encore Rosenfeld à propos de Stieglitz, va jeter son filet dans les profondeurs de notre monde matériel beaucoup plus loin que tous ceux qui l'ont précédé ou qui l'accompagnent. » La photographie est une prise de position vigoureuse, une héroïque copulation avec le monde matériel. De même que Hine, Evans cherchait un style d'expression plus impersonnel, une sorte de noble réticence, un langage clair et dépourvu d'emphase. Il n'a jamais cherché à exprimer sa personnalité propre, pas plus dans ses natures mortes représentant des façades de maisons américaines ou les intérieurs qu'il aimait traiter, que dans ses portraits, d'une extrême précision, de paysans des Etats du Sud, réalisés vers la fin des années trente, et qu'il publia dans un ouvrage, en collaboration avec James Agee : *Let Us Now Praise Famous Men* (Louons maintenant les grands hommes).

Les conceptions d'Evans, tout en se démarquant de la tendance épique, s'apparentent encore au modèle whitmanien par le refus d'établir une distinction entre la beauté et la laideur, entre l'important et le vulgaire. Toute prise de vue, qu'elle vise un objet ou une personne, devient une photographie, et par là occupe, d'un point de vue éthique, une position équivalente à celle de tous les autres clichés du même réalisateur. L'appareil photographique d'Evans confère une identique beauté formelle aux façades des maisons victoriennes de Boston au début des années 1930 et aux boutiques des grandrues dans les villes de l'Alabama en 1936. Mais il s'agit là d'un processus d'égalisation au plus haut niveau. La photographie d'Evans se veut « cultivée, faisant autorité, transcendante ». L'éthique de notre monde n'étant plus celle des années 1930, ce genre de qualificatif n'est plus guère crédible de nos jours. Personne n'exige que la photographie soit savante. Nul n'imagine de quelle façon elle pourrait faire autorité. Personne ne comprend plus comment un mode de représentation, et la photographie moins que tout autre, pourrait devenir transcendant.

Whitman prêchait pour l'identification, la concorde dans la discordance, l'unité dans la diversité. Des échanges psychiques entre toutes choses, entre tous les êtres — et s'il se pouvait, une étreinte sensuelle — telle était la démarche, exaltante jusqu'au vertige, qu'il ne cessait de prôner, reprenant ce thème sans fin dans ses poèmes et dans ses préfaces. La forme et le ton de sa poésie procédaient également de ce désir de présentation et d'offrande de l'univers entier. L'ensemble des techniques psychiques qu'utilise Whitman dans ses poèmes vise à faire accéder son lecteur à une nouvelle existence (à en faire un microcosme de cet « ordre nouveau » qu'il prônait) — ils sont réellement « fonctionnels », à l'instar des « mantras », conçus comme des véhicules d'énergie. Les répétitions, l'emphase rythmique, le vers libre et l'insistance oratoire, dans un souffle impétueux, s'emparent de l'esprit, de l'âme du lecteur, et le portent jusqu'au point où il parviendra à s'identifier avec le passé et avec des aspirations communes à l'Amérique tout entière. Mais ce message d'une identification personnelle avec les désirs de tous les autres citoyens de l'Amérique est désormais totalement étranger à la mentalité contemporaine.

La dernière manifestation de cet Eros whitmanien, embrassant la communauté nationale, nous la trouvons encore, mais universalisée et dépourvue de ses exigences, dans l'exposition « The Family of Man » (la Famille humaine), organisée en 1955 par Edward Steichen, contemporain de Stieglitz et cofondateur de Photo-Secession avec celui-ci. 503 photographies, réalisées par 273 photographes, provenant de 68 pays, devaient, par leurs caractéristiques convergentes, démontrer que l'humanité forme un ensemble unitaire et qu'en dépit de leurs défauts et de leurs mauvaises actions, les êtres humains sont des créatures attachantes. Ces clichés reproduisaient les traits d'êtres de tous âges, de toutes races, appartenant aux classes sociales et aux types physiques les plus divers. Nombre d'entre eux étaient d'une beauté physique exceptionnelle ; certains offraient un très beau visage. De même que Whitman demandait à ceux qui lisaient ses poèmes de s'identifier avec lui et avec l'Amérique, Steichen avait organisé cette exposition afin d'offrir à chaque visiteur la possibilité de s'identifier avec un grand nombre des personnes ainsi présentées, et éventuellement avec les modèles de n'importe quel photographe : une symbiose photographique de tous les habitants de la planète.

C'est seulement dix-sept ans plus tard que la photographie devait de nouveau attirer une foule aussi importante dans les salles du Museum of Modern Art, à l'occasion de la rétrospective des travaux de Diane Arbus, en 1972. 112 clichés de ce seul photographe étaient présentés, et tous avaient une apparence similaire — c'est-à-dire qu'en un certain sens chacun d'eux se présentait sous un éclairage identique — et imposaient au spectateur une impression exactement contraire de celle que pouvait procurer l'optimisme chaleureux de l'exposition de Steichen. Au lieu de ces êtres dont l'apparence peut plaire, de dignes représentants de l'espèce humaine, l'exposition d'Arbus offrait aux regards tout un assortiment de monstres ou d'anormaux, le plus souvent affreux, vêtus de façon grotesque ou pitoyable, entourés de terrains vagues ou de paysages lugubres, et qui s'étaient immobilisés pour prendre la pose, en ayant l'air de fixer le spectateur, comme pour le prendre à témoin. Ces clichés n'étaient pas faits pour inviter celui-ci à s'identifier aux parias et aux êtres d'aspect misérable qu'Arbus photographiait. Il ne s'agissait plus de « l'unité de l'espèce humaine ».

Les photographies d'Arbus sont porteuses d'un message anti-humaniste, susceptible de troubler la conscience des hommes de bonne volonté, et qu'ils attendent en ces années 1970, de même qu'ils attendaient, au cours des années 1950, les consolations apaisantes d'un humanisme sentimental. Il n'y a pas de différences aussi importantes qu'on pourrait le supposer entre ces deux types de messages. L'exposition de Steichen élève et celle d'Arbus rabaisse, mais ces deux expériences ont également pour effet de nous éloigner d'une saisie compréhensive de la réalité historique.

Steichen a choisi des modèles qui témoignent d'une condition ou d'une nature humaine communes à tous. En montrant, à dessein, qu'en tous lieux les hommes naissent, travaillent, vivent et meurent de la même façon, l'exposition « The Family of Man » récuse les pesanteurs et les déterminations historiques : toutes les différences, les injustices, tous les conflits, authentiquement enracinés dans l'histoire. De façon tout aussi décisive, les photographies d'Arbus sont porteuses d'une certaine vision politique, suggérant l'idée que chaque homme est un étranger parmi tous les autres, qu'il est désespérément seul, paralysé par un réseau de relations, d'identifications et de mécanismes destructeurs. La pieuse élévation de l'anthologie photographique de Steichen et le froid et rebutant pessimisme de l'exposition d'Arbus récusent l'une et l'autre la vision historique et un quelconque projet politique. L'une le fait en invoquant les joies d'une condition humaine universalisante ; l'autre, en montrant les tristes horreurs de sa parcellisation.

Ce qui frappe le plus dans cette œuvre est le fait qu'Arbus, apparemment, engage l'art photographique dans une de ses plus rudes entreprises — présenter les victimes, dévoiler les traits du malheur — mais sans la moindre touche de compassion que l'on pourrait attendre d'un projet de ce genre. Des individus pathétiques, pitoyables jusqu'à paraître repoussants, nous sont ainsi présentés, sans que cela provoque un sentiment de pitié. Ces photographies ont été louées pour leur franchise, pour l'absence de tout attendrissement devant les modèles, alors qu'on aurait pu plus justement parler de distanciation. Leur aspect agressif à l'égard de la sensibilité du public — le fait que ces clichés ne permettent pas au spectateur de prendre quelque distance par rapport aux sujets traités — était ainsi considéré comme une qualité morale. On admettra plus volontiers qu'en acceptant tout ce qui effraie, ou consterne, les photographies d'Arbus témoignent d'une certaine naïveté, à la fois réservée et lugubre, car elle se fonde sur la distanciation, une certaine forme de liberté, sur le sentiment que ce que l'on demande au spectateur de regarder lui est totalement *étranger*. Buñuel, à qui l'on avait demandé ce qui avait pu l'inciter à tourner ses films, répondit : « C'était pour montrer que nous ne sommes pas dans le meilleur des mondes. » Arbus photographiait pour montrer quelque chose de plus simple : l'existence d'un monde d'une tout autre nature.

Ce monde autre se trouve, comme de juste, dans le monde où nous sommes. Arbus, qui ne prenait intérêt qu'à photographier des gens d' « aspect bizarre », trouvait ample matière autour d'elle. New York, avec ses bals de clochards et ses hôtels de passe, était particulièrement riche en spécimens de ratés. Elle découvrit également, dans une fête foraine du Maryland, d'étranges types d'humanité : un hermaphrodite avec son chien, un homme couvert de tatouages, et un albinos avaleur de sabre ; dans le New Jersey et en Pennsylvanie, elle prit des vues de camps de nudistes ; dans Disneyland et à Hollywood, toute une série de paysages artificiels ou désertés : et, dans un hôpital psychiatrique anonyme, elle prit plusieurs de ses dernières et plus troublantes photographies. Elle a également saisi des aspects de la vie quotidienne, avec ses inquiétantes étrangetés pour quiconque prend la peine de les regarder. L'appareil possède ce pouvoir de surprendre des gens qu'on appelle normaux dans des attitudes qui leur donnent l'aspect d'êtres anormaux. L'opératrice a choisi de présenter la

45

bizarrerie ; elle la pourchasse, la cadre, tire son cliché et lui donne un nom.

« Vous voyez quelqu'un dans la rue, écrivait Arbus, et, pour l'essentiel, ce qui vous frappe c'est l'imperfection. » Elle a beau s'écarter de ses sujets habituels, une impression de ressemblance persistante révèle que sa sensibilité parvient, toujours, à suggérer l'angoisse, la faiblesse ou la maladie mentale en chacun de ses modèles. Deux photos représentent des bébés qui crient, et les bébés ont l'air épouvantés, déments. Conformément à une discordance caractéristique dans la vision d'Arbus, la similitude ou les éléments communs qu'un sujet peut avoir avec un autre sont fréquemment à l'origine de leur aspect inquiétant. Qu'il s'agisse de ces deux filles — ce ne sont pas des sœurs — photographiées ensemble par Arbus dans Central Park, et qui portent l'une et l'autre trench-coat identique ; ou des jumeaux ou triplés qui sont présentés côte à côte dans plusieurs clichés. Un grand nombre de ces photos nous présentent, avec une sorte de pesant accablement, deux êtres qui forment un couple, et c'est la présence même d'un couple qui est bizarre, qu'il soit régulier ou homosexuel, noir ou blanc, qu'il se trouve dans un collège ou dans une maison de retraite. Certains personnages ont un air excentrique parce qu'ils ne portent aucun vêtement, comme les nudistes, ou parce qu'ils sont vêtus, comme la serveuse avec son tablier dans un camp de nudistes, justement. Tout ce que photographie Arbus a un aspect inquiétant : un adolescent attendant de prendre place dans une manifestation en faveur de la guerre, avec son chapeau de paille et son insigne « Bombardez Hanoi » ; le roi et la reine d'un bal du troisième âge ; un couple de pauvres gens d'une trentaine d'années, affalés dans leurs fauteuils de cretonne ; une veuve, assise, seule dans sa chambre à coucher en désordre. Dans « Géant juif chez ses parents, dans le Bronx, à New York, 1970 », les parents ont l'air de nains, disproportionnés par rapport au fils qui les domine de toute sa masse sous le plafond bas de leur salon.

La puissance des photographies d'Arbus provient du contraste entre le caractère navrant du sujet et une impression d'attention tranquille et comme allant de soi. Cette qualité d'attention, à la fois celle du photographe et celle du modèle qui pose pour la prise de vue, entoure ces portraits directs et contemplatifs d'une sorte de décor moral. L'opératrice, loin d'épier ces anormaux et ces parias pour les saisir à leur insu, a cherché à les connaître, à les mettre en confiance, afin qu'ils posent devant elle, aussi assurés et tranquilles qu'un notable victorien posant pour son portrait dans l'atelier de Julia Margaret Cameron. L'impression de mystère éprouvée devant les photos d'Arbus provient pour une part de ce qu'on se demande toujours ce qu'ont bien pu éprouver les modèles après avoir consenti à se faire photographier. Le spectateur s'interroge : est-ce ainsi qu'ils se voient eux-mêmes ? Savent-ils à quel point ils sont grotesques ? Apparemment, ils ne s'en rendent pas compte.

Le sujet principal des photographies d'Arbus, c'est ce que Hegel avait nommé « la conscience malheureuse ». Toutefois, la plupart des protagonistes de ce Grand Guignol paraissent ignorer leur laideur. Arbus photographie des individus à des degrés variables de conscience (ou plutôt d'inconscience) de leur infortune et de leur laideur. Ce critère doit nécessairement la limiter dans son choix d'abominations susceptibles de nous être ainsi présentées : en sont exclus les malheureux qui sont apparemment conscients de leur malheur, tels que les victimes des accidents, des guerres, des famines et des persécutions politiques. L'appareil d'Arbus n'a jamais fixé d'accidents graves, d'événements qui interrompent le cours de la vie. Elle s'était fait une spécialité de la présentation de ces lents écrasements individuels qui, pour la plupart, commencent dès la naissance.

Bien que les spectateurs inclinent en général à penser que ces anormaux ou ces déséquilibrés sexuels sont des êtres malheureux, il est rare que leur image soit porteuse d'une impression de détresse. Les photographies d'inadaptés ou de véritables infirmes n'expriment nullement la douleur, mais plutôt un sentiment d'autonomie personnelle ou d'indifférence. Les personnages féminins dans leurs boudoirs, le nabot mexicain dans la chambre d'hôtel à Manhattan, les nains russes dans un salon de la 100ᵉ Rue, et les modèles similaires ont presque toujours un air réjoui, naturel ; comme s'ils étaient contents d'eux-mêmes. Dans les portraits d'êtres normaux, la souffrance est plus visible : un couple de vieillards se querellant sur un banc de square, une tenancière de bar de La Nouvelle-Orléans avec son petit chien favori, un jeune garçon dans Central Park serrant dans son poing un jouet qui est une grenade.

Brassaï critiquait les photographes qui s'efforcent de prendre leurs modèles à l'improviste, croyant à tort qu'ils pourront ainsi faire apparaître quelque caractéristique singulière [1]. Les êtres appartenant à ce monde qu'entend s'approprier Arbus dévoilent eux-mêmes ce qu'ils peuvent avoir de singulier. Là, il n'y a pas d'instant privilégié. Arbus était persuadée que la révélation des caractéristiques personnelles ne saurait être qu'un long processus sans hiatus, ce qui est encore une façon de suivre Whitman, qui voulait que l'on accorde à tous les moments une égale importance. Comme Brassaï, Arbus voulait que ses modèles soient, dans toute la mesure du possible, avertis et conscients de l'action à laquelle ils étaient conviés à participer. Au lieu d'essayer de leur faire prendre une position naturelle ou typique, elle les incitait à paraître embarrassés — autrement dit à poser. (L'ex-

---

1. Ce n'est pas vraiment une erreur : le visage de quelqu'un qui ignore qu'on l'observe n'a pas tout à fait la même expression s'il se sait regardé. A supposer que nous ignorions la façon dont Walker Evans prenait ses instantanés dans le métro new-yorkais (y passant des centaines d'heures, debout, avec l'objectif pointé entre deux boutons de son trench-coat), il paraîtrait évident, à la vue des images, que les passagers assis ignoraient qu'ils étaient photographiés, bien qu'ils apparaissent de face et de près. Leurs expressions ont quelque chose de « privé » : ce n'est pas le visage qu'ils voudraient présenter à l'objectif.

pression révélatrice de la personnalité va ainsi se confondre avec ce qui est étrange, bizarrement faussé.) Assis ou debout, avec l'air guindé, ces personnages nous apparaissent ainsi comme l'image même de ce qu'ils sont.

Dans la plupart des photographies d'Arbus, le regard des modèles est fixé droit sur l'objectif ; ce qui leur donne généralement un air plus étrange, presque dérangé. Comparons, par exemple, une photo prise en 1912 par Lartigue et représentant une femme avec une voilette et un chapeau emplumé (« Course de chevaux à Nice ») avec celle d'Arbus, « Femme voilée sur la Cinquième Avenue, New York City, 1968 ». Mise à part la laideur caractéristique du modèle d'Arbus — celui de Lartigue est aussi typiquement d'une grande beauté —, sur la photo la plus récente, la femme paraît étrange du fait de sa façon de prendre la pose, inconsciemment affectée. Si la femme qu'observait Lartigue s'était retournée, elle aurait pu avoir un air également étrange.

Selon le code habituel du portrait photographique, la pose de face exprime la gravité, la franchise et révèle l'essentiel de la personnalité du sujet. C'est pourquoi cette position paraît convenir aux cérémonies (comme les mariages, remises de diplômes), mais est beaucoup moins utilisée lorsqu'il s'agit d'affiches de propagande électorale présentant l'image des candidats. Souvent l'homme politique a le regard apparemment posé sur un horizon lointain, parce que l'on veut suggérer non pas un rapport avec l'électeur, avec le présent, mais une noble aspiration vers le futur. La pose de face est particulièrement frappante dans les clichés d'Arbus, car le plus souvent on n'attendrait pas de ses modèles qu'ils aient l'amabilité et la candeur de se placer ainsi devant l'objectif. En photographie, cette technique exige la plus chaleureuse coopération de la part des modèles. Pour les amener à poser, l'opérateur a dû gagner leur confiance, nouer avec eux des liens d'amitié.

Dans le film de Tod Browning, *Freaks* (1932), la scène la plus insoutenable est sans doute celle du repas de

noce, où les crétins, les femmes à barbe, les frères sia-
mois et les hommes-tronc chantent et dansent pour témoigner de leur plein accord, tandis que la rouée Cléopâtre,
qui a une taille normale, vient d'épouser le nain crédule.
Elle est « Comme nous ! Comme nous ! Comme nous ! »
répètent-ils en chœur, tandis qu'autour de la table chacun
trempe ses lèvres dans la coupe d'amour qu'un nabot
exubérant présente enfin à l'épouse écœurée. Sans doute
Arbus s'était-elle fait une idée trop simple du charme
et de l'hypocrite inconfort qu'il y a à fraterniser avec
des anormaux. Après le plaisir de la découverte doit
venir l'excitation d'avoir gagné leur confiance, de rejeter
la crainte et l'aversion qu'ils inspirent. « Photographier
des anormaux, pour moi c'est terriblement passionnant,
expliquait-elle, vraiment j'en suis venue à les adorer. »

Les photographies d'Arbus étaient déjà renommées
parmi un public de connaisseurs au moment où, en
1971, elle se suicida. Mais depuis sa mort, comme ce fut
le cas pour Sylvia Plath, c'est une attention d'un tout
autre ordre qui s'attache à son œuvre — une sorte d'apothéose. Son suicide paraît apporter une garantie de sécurité, témoigner que cette œuvre n'a rien à voir avec le
voyeurisme, qu'elle porte la marque de l'attendrissement
et non pas de la froideur. Le suicide paraît également renforcer l'impact émotif des photographies, comme s'il
apportait la preuve que cette forme d'art était périlleuse.
Elle-même avait suggéré qu'il en irait peut-être ainsi.
« Tout est superbe à vous couper le souffle. J'avance en
rampant sur mon ventre, comme dans les films de guerre.
Tandis que photographier consiste normalement à observer à distance, dans une position dominante, il est des situations où les opérateurs risquent leur vie pour prendre
des vues : lorsqu'ils photographient des hommes en train
de s'entretuer. Il n'y a que la prise de vue sur le front pour
unir ainsi la perspective du voyeurisme à celle du danger.

Le photographe au combat ne saurait demeurer à l'écart des activités meurtrières dont il est venu rendre compte : il revêt même un uniforme, mais sans aucun insigne de grade. Découvrir — dans une activité de photographe — que la vie est « réellement un mélodrame », comprendre que l'appareil photographique est une arme agressive, implique l'éventualité d'une issue mortelle. « Je suis certaine, écrivait Arbus, qu'il y a des limites. Bon Dieu, quand vous voyez les troupes avancer sur vous, comment éviteriez-vous de penser que peut-être vous n'en réchapperez pas ? » On a l'impression, en relisant ces paroles d'Arbus, qu'elles rendent compte d'une sorte d'affrontement mortel ; comme si, ayant dépassé certaines limites, elle était tombée dans une embuscade psychique, victime de sa curiosité et de sa candeur.

Selon une conception ancienne de la destinée hasardeuse de l'artiste, quiconque est assez téméraire pour passer une saison en enfer court le risque de n'en pas revenir vivant ou d'en ressortir psychiquement infirme. La littérature française de la fin du XIXᵉ siècle et du début du XXᵉ siècle offre l'exemple de grands artistes, faisant partie d'une héroïque avant-garde, qui n'ont pu survivre à de telles incursions. Il y a cependant de grandes différences entre le travail d'un photographe, l'attention volontairement en éveil, et l'activité intériorisée de l'écrivain. Celui-ci a le droit, ou peut se sentir contraint, d'exprimer sa propre douleur — une douleur qui, de toute façon, lui appartient en propre. L'autre se met volontairement en quête de la peine d'autrui.

Ce qui en fin de compte paraît le plus troublant dans les photographies d'Arbus, ce n'est pas simplement l'aspect physique de ses modèles, mais l'impression, qui vient s'y ajouter, d'une prise de conscience de l'opératrice — le sentiment que ce qui nous est présenté est très précisément une vision personnelle, où la volonté a joué son rôle. Arbus n'est pas un poète qui plonge au plus profond de soi pour en rapporter le compte rendu de ses souffrances, mais un photographe qui s'aventure dans le monde pour y *recueillir* des images qui sont des visions douloureuses. Et cette recherche du spectacle de la douleur ne peut s'expliquer aussi facilement que la souffrance que l'on éprouve. Si l'on en croit Reich, ce goût masochiste de la douleur ne proviendrait pas du fait que l'on aimerait souffrir, mais de l'espoir de se procurer des sensations fortes par le moyen de la douleur. Les personnes affectées d'une analgésie émotive ou sensorielle aiment mieux éprouver une sensation douloureuse que d'avoir cette impression d'être totalement insensibles. Mais il existe une autre explication à cette recherche de la douleur, et qui semble tout aussi pertinente, bien que diamétralement opposée à celle de Reich : on chercherait non pas à renforcer la sensibilité, mais à l'émousser et à l'amoindrir.

Regarder les photographies d'Arbus est certainement éprouvant, et ce sont, en ce sens, des exemples types d'un art particulièrement goûté du public évolué de nos grandes villes modernes — un art qui témoigne d'une sensibilité volontairement endurcie. Ces photographies offrent l'occasion de montrer que l'on est capable de regarder en face les abominations de l'existence sans avoir de haut-le-cœur. L'opératrice a dû se dire en elle-même : très bien, voilà donc ce qu'il faut que j'accepte ; et le spectateur est invité à se le dire lui aussi.

L'œuvre d'Arbus offre un excellent exemple d'une tendance dominante dans les arts des pays capitalistes : supprimer ou à tout le moins réduire les impulsions de dégoût de nature morale ou sensorielle. Une bonne partie de l'art moderne se consacre ainsi à dépasser les limites de ce qui paraît effroyable. En nous habituant à ce que nous ne pouvions pas précédemment supporter de voir ou d'entendre, parce que nous le trouvions trop choquant, pénible ou embarrassant, l'art transforme la morale — tout cet ensemble d'attitudes mentales, sanctionnées par l'opinion publique, qui trace une limite imprécise entre ce que l'on peut supporter et ce qui est émotivement et spontanément intolérable. L'inhibition graduelle de cette impression d'écœurement a eu pour effet de nous rendre plus conscients d'une réalité assez conventionnelle — l'existence de tabous arbitraires dans le domaine des arts et celui de la morale. Mais notre aptitude à supporter des images, mobiles ou fixes, et des textes d'une grossièreté toujours plus appuyée, est payée d'un prix très lourd. A la longue, ce n'est pas une libération positive qu'éprouve la personnalité mais une sorte d'amoindrissement : une pseudo-familiarité avec ce qui est atroce donne plus de force à l'aliénation et diminue notre capacité à réagir dans le cadre de la vie réelle. Ce qu'éprouvent de nos jours ceux qui voient pour la première fois un film porno dans une salle spécialisée ou qui regardent le soir un spectacle de violence à la télévision n'est pas tellement différent de ce qu'on peut ressentir lors de la première vision des photographies d'Arbus.

A la vue de ces photographies, toute velléité de compassion ne peut que paraître incongrue. L'important est de ne pas se laisser impressionner, de faire face avec sérénité à l'intolérable. Mais cette façon de voir, où la pitié n'intervient guère, procède d'une éthique particulière, spécifiquement moderne, ni insensible, ni évidemment cynique, mais tout simplement candide. Arbus appliquait les épithètes de « terrible », « intéressant », « incroyable », « fantastique », « sensationnel », à la réalité pénible ou cauchemardesque qu'elle voyait autour d'elle — sorte d'étonnement enfantin caractéristique de la mentalité pop. Selon sa conception délibérément naïve de la recherche du photographe, l'appareil photographique est un instrument qui permet de tout saisir, qui force les sujets visés à révéler leurs secrets, qui élargit les limites du champ d'expérience. Pour Arbus, photographier des individus est nécessairement « cruel », « méprisable ». L'important est de ne pas ciller.

« La photographie était un laissez-passer me permettant d'aller partout où je le désirais et de faire ce que je voulais faire », écrivait Arbus. L'appareil est comme un passeport permettant de franchir les frontières de la morale et des tabous sociaux, et qui dégage le photographe de toute responsabilité à l'égard des gens qu'il « prend ». Le photographe n'intervient en aucune façon dans la vie des personnes que saisit son objectif ; il ne fait que leur rendre visite. Il est une sorte de super-touriste, d'anthropologue itinérant, qui rencontre des indigènes pour nous informer de leurs mœurs et de leurs bizarres accoutrements. Il est sans cesse en train d'exploiter de nouveaux champs d'expériences, ou de découvrir de nouvelles façons de regarder des sujets familiers — afin de lutter contre l'ennui. Car l'ennui est tout simplement l'envers de la fascination : l'un et l'autre dépendent d'une position d'extériorité par rapport à une situation donnée, et l'on passe de l'un à l'autre. « Les Chinois ont une théorie selon laquelle l'ennui conduit à la fascination », avait noté Arbus. Tout en photographiant un horrible infra-monde que domine la désolation d'un monde artificiel, elle n'avait pas la moindre intention de prendre part à l'affreuse expérience de leurs habitants. Ils devaient lui demeurer étrangers, et de ce fait « effrayants ». Elle regardait toujours de l'extérieur.

« Je ne suis guère tentée de photographier des personnes célèbres, ou de traiter des sujets archiconnus, écrivait Arbus. Je suis fascinée par ce dont j'ignore à peu près tout. » En dépit de l'attrait qu'avaient pour elle toute difformité, toute laideur, Arbus n'aurait jamais photographié des enfants brûlés au napalm ou des bébés victimes de la thalidomide — faits horribles connus de l'opinion publique, monstruosités évocatrices d'un arrière-plan sentimental ou éthique. Elle n'était pas tentée par le reportage moralisateur. Elle choisissait des sujets que chacun, pensait-elle, peut découvrir autour de soi, sans qu'aucune notion de valeur y soit attachée : des sujets nécessairement en dehors du processus historique, des drames personnels plutôt que des malheurs publics, des vies secrètes de préférence à des existences connues. Pour Arbus, l'appareil doit saisir ce qui est ignoré. Mais ignoré de qui ? De quiconque est protégé par des paravents moraux ou par des réflexes de prudence. Ainsi que Nathanael West, un autre artiste fasciné par les difformités et les mutilations, Arbus était issue d'une riche famille juive, qui se voulait saine d'esprit, prompte à s'exprimer, à s'indigner, pour laquelle les aberrations sexuelles d'éléments minoritaires ne devaient pas franchir le seuil même de la conscience, et qui méprisait les entreprises risquées comme typiques de la folie des « goy ». « Une chose dont j'ai souffert depuis mon enfance, écrivait Arbus, c'est de n'avoir jamais connu l'adversité. Je ne pouvais échapper à une impression d'irréalité, et, si étonnant que cela paraisse, le sentiment de me trouver ainsi à l'abri m'était fort pénible. » Nathanael West, éprouvant un sentiment d'insatisfaction similaire, avait sollicité, en 1927, un emploi de veilleur de nuit dans un hôtel minable de Manhattan. L'appareil photographique fut, pour Arbus, le moyen d'acquérir, avec l'expérience, le sens des réalités. A défaut de l'adversité matérielle, cette expérience devait représenter une sorte d'adversité psychologique — l'impact de l'immersion dans un monde d'expériences qu'il est impossible d'embellir, la rencontre avec les tabous, la perversion, le mal.

L'intérêt que porte Arbus aux anormaux témoigne d'un désir de confondre sa propre innocence, de rejeter l'impression d'être privilégiée, de se débarrasser de cette frustration qu'engendre le sentiment d'être en sécurité. A l'exception du cas de Nathanael West, on trouve fort peu d'exemples de ce genre de détresse dans les années 1930. Ce type de sensibilité, liée à une solide éducation bourgeoise, commença à se développer de façon plus caractéristique dans la période qui va de 1945 à 1955 pour arriver, justement, à son plein épanouissement au cours des années soixante.

C'est pendant cette décennie qu'Arbus va effectuer son travail le plus sérieux, et c'est également pendant cette période que le public va s'intéresser à la description de cas anormaux qui, dans le domaine des arts, constituent désormais un thème admis, que l'on peut aborder sans risque. Des sujets auxquels on ne touchait pas sans appréhension et réserve dans les années 1930 — comme ceux de *Miss Lonely-hearts* et de *The Day of the Locust* [1] — étaient traités avec détachement, voire avec une sorte de délectation, au cours des années soixante (dans les films de Fellini, d'Arrabal, de Jodorowsky, les bandes dessinées underground, les spectacles de rock.) Au début de cette décennie, les parades de phénomènes si populaires à Coney Island furent interdites, les pelouses de Times Square, terrain d'élection des batteurs d'estrade et des diseuses de bonne aventure, le cédèrent peu à peu devant l'avancée des gratte-ciel. Mais tandis que les habitants des mondes marginaux se trouvent évincés de leurs réserves, considérés comme des dangers publics, comme des éléments indésirables, indécents, obscènes ou simplement improductifs, leur importance devient de plus en plus grande en tant que sujets d'ouvrages artistiques, et ils acquièrent ainsi une sorte de légitimité diffuse, une proximité imagée qui les éloignent plus encore.

La réalité expressive de ces êtres en marge, Arbus était mieux que quiconque à même de l'apprécier, car sa profession de photographe de mode l'amenait à participer à une présentation fardée et mensongère du monde qui masque les inégalités insurmontables, de naissance, de classe sociale et d'apparence physique. Mais contrairement à Warhol, qui avait pendant de nombreuses années poursuivi une activité commerciale, Arbus avait totalement renoncé à la pratique de l'esthétique de charme de ses débuts, pour se consacrer à une œuvre sérieuse, d'un style totalement opposé. L'œuvre d'Arbus est partie d'une

---

1. Titres des deux livres les plus connus de Nathanael West (*N.d.E.*)

réaction — réaction à l'encontre du bon ton, de tout ce que la mode approuve. C'était sa façon à elle d'envoyer paître *Vogue*, d'envoyer paître la mode, d'envoyer paître le charme. Ce défi se développe sur deux plans qui ne sont pas toujours compatibles. D'une part, une révolte contre l'hypertrophie moralisante de la sensibilité juive. D'autre part, une sorte de révolte, elle-même fortement moralisatrice, à l'encontre du monde de la réussite. En guise d'antidote à une vision de la vie qui proposerait celle-ci comme une réussite, cette subversion moralisatrice propose plutôt de la considérer du point de vue de l'échec. Et en guise d'antidote à une vision de la vie comme ennui, la subversion esthétique, si caractéristique des années soixante, offrirait plutôt comme modèle le spectacle des horreurs de la vie.

La plus grande partie de l'œuvre d'Arbus se situe dans le cadre des conceptions esthétiques de Warhol, c'est-à-dire qu'elle se construit d'une part par référence au côté tragique de l'ennui et, d'autre part, face à l'anomalie — mais sa manière n'est pas celle de Warhol. Arbus ne possède pas le narcissisme et le génie publicitaire de Warhol, elle n'a pas cette touche narquoise qui permet à celui-ci de se protéger de l'insolite, et elle est généralement dépourvue de sa sentimentalité. Issu d'une famille d'ouvriers, Warhol ne pouvait guère éprouver ce sentiment d'ambivalence attaché à la réussite dont souffraient les descendants des familles juives de la riche bourgeoisie en ces années soixante. Un homme élevé dans la religion catholique, comme le fut Warhol et pratiquement tous les membres de son groupe, subira la fascination du mal d'une façon beaucoup plus simple qu'une personne d'extraction juive. Si on la compare à Warhol, Arbus paraît étonnamment vulnérable, innocente — et sans aucun doute plus pessimiste. Aucune ironie ne vient atténuer sa vision dantesque de la ville (et de la banlieue). Arbus utilise à peu près le même type de modèles que ceux que l'on peut voir, par exemple, dans les *Chelsea Girls* de Warhol (1966), mais il n'y a jamais

57

dans ses photographies la touche d'ironie qui pourrait les adoucir ; elle ne joue pas avec l'horreur ; il est impossible de rire devant ses images ou de trouver un côté comique à ses anormaux, comme on peut le faire devant les films de Warhol et Paul Morrissey. Arbus découvre cette sorte d'étrangeté aussi bien chez les anormaux que dans une Amérique « moyenne » : un adolescent prenant part à une manifestation en faveur de la guerre ou une ménagère de Levittown en sont des spécimens aussi inquiétants qu'un travesti ou un nain ; les faubourgs prolétariens paraissent aussi étrangement lointains que les pelouses de Times Square, les hôpitaux psychiatriques et les bars d'homosexuels. L'œuvre d'Arbus témoigne de ses prises de position, à l'encontre de ce que, selon sa propre expérience, on expose au public, du conventionnel, du rassurant, du « sans danger » — terriblement ennuyeux — et en faveur de ce qui est privé, dissimulé, de la laideur périlleuse et fascinante. Ce contraste nous paraît aujourd'hui quelque peu dépassé. Les images sécurisantes ne monopolisent plus l'attention du public. Les anomalies ne sont plus cantonnées dans des espaces clos, difficiles d'accès. On peut voir chaque jour, étalés aux devantures des kiosques à journaux, sur les écrans de télévision, dans les couloirs du métro, des individus bizarres, disgraciés sur le plan physique, le visage vide. L'homme sans visage de Hobbes court les rues, cheveux au vent, en pleine lumière.

Sophistiquée, au sens familier et moderne du mot, elle avait choisi la gaucherie, la naïveté, la sincérité et non pas le brillant, l'artificiel d'un art noble et commercialement prisé. Arbus déclarait que le photographe Weegee, dont les brutales images d'accidents ou de crimes avaient fait sensation au cours des années quarante, était celui dont elle se sentait le plus proche. Les photographies de Weegee sont en effet d'un réalisme accablant et portent la marque d'une sensibilité urbaine, mais la ressemblance avec l'œuvre d'Arbus s'arrête là. Tout en s'efforçant de rejeter les éléments d'une technique artificielle, tels que la composition, Arbus acceptait une certaine sophistication. Et ses motivations sont toutes différentes de celles du reportage. Un certain aspect journalistique, voire sensationnel, de ses photographies permettrait plutôt de la situer dans la mouvance traditionnelle du surréalisme : le penchant pour le grotesque, l'affectation d'innocence détachée à l'égard des sujets représentés, une volonté de voir dans ces sujets de simples *objets trouvés.*

« Je ne choisis jamais un sujet pour ce qu'il peut signifier à mes yeux au moment où j'y pense », écrivait Diane Arbus — déclaration fort conforme à l'attitude de bluff des surréalistes. On présume que les spectateurs ne vont pas porter de jugement sur les individus représentés, mais c'est ce que nous faisons en réalité ; et le choix d'ensemble qu'effectue Arbus constitue en lui-même un jugement. Brassaï, qui a photographié des personnages fort semblables à ceux qui intéressaient Arbus — sa « Môme Bijou » de 1932, par exemple —, présentait dans le même temps de touchants paysages urbains et des portraits d'artistes célèbres. « Mental Institution, New Jersey, 1924 » de Lewis Hine pourrait tout aussi bien être une des dernières productions d'Arbus (toutefois, le couple d'enfants mongoliens posant sur la pelouse est pris de profil et non pas de face). Les portraits d'hommes de la rue que Walker Evans réalisa à Chicago en 1946 s'apparentent aux modèles d'Arbus, et il en va de même d'un grand nombre de photographies de Robert Frank. La différence provient du fait que Hine, Brassaï, Evans et Frank ont photographié tout un choix d'autres sujets, ont exprimé d'autres types de sentiments. Arbus est un *auteur,* dans le sens le plus restrictif du terme, un cas particulier dans l'histoire de la photographie, de même que, dans l'histoire de la peinture européenne moderne, celui de Giorgio Morandi, qui passa un demi-siècle de sa vie à peindre des bouteilles. Contrairement à ce que font en général les photographes les plus ambitieux, Arbus se refuse, si peu que ce soit, à toute subjectivité. Au contraire, tous ses sujets sont d'égale valeur à ses yeux. Et faire apparaître les similitudes entre des infirmes, des fous, des couples de banlieusards et des nudistes, témoigne d'une perspicacité politique remarquable, en accord avec l'opinion de nombreux Américains de bonne éducation, appartenant à la gauche libérale. Les modèles des photographies d'Arbus ont tous un air de famille, comme les habitants d'un même village ; et il se trouve que ce village, peuplé d'idiots, n'est autre que l'Amérique. Contrairement à la vision démocratique de Whitman, où toutes les différences vont se fondre dans une même perspective, tous ces êtres nous sont présentés comme s'ils étaient identiques.

L'amertume engendrée par cette triste expérience a succédé aux brillantes espérances dont s'était bercée l'Amérique. Dans les présentations de l'art photographique, cette mélancolie est particulièrement sensible. Mais cette mélancolie, représentée par Stieglitz et son groupe de Photo-Secession, existait déjà à l'état latent alors que la glorieuse affirmation whitmanienne était en plein épanouissement. Stieglitz, qui aurait voulu, armé de son appareil, proposer une vision rédemptrice du monde, était encore choqué par l'aspect matériel de la civilisation moderne. Dans les années 1910, il s'en prenait à New York, tel Don Quichotte, pointant son appareil comme une lance en direction des gratte-ciel. Paul Rosenfeld avait qualifié de « perpétuelle affirmation » cette tentative de Stieglitz. La boulimie whitmanienne s'est pieusement assagie : de nos jours, le photographe s'attache à mettre en valeur la réalité. Il faut un appareil qui modèle des formes dans « cette merveilleuse et grise opacité que l'on nomme les Etats-Unis ».

Cet élan missionnaire — miné encore par le doute sur la qualité de l'avenir à ses moments les plus optimistes — allait évidemment se résorber, alors que l'Amérique, après la Première Guerre mondiale, se lançait plus hardiment dans le big business et dans le développement d'une société de consommation. Les autres photographes, ayant une personnalité, un rayonnement moindres que ceux de Stieglitz, renoncèrent à la lutte. Certes, ils avaient encore la possibilité de pratiquer, sur les pas de Whitman, une sorte de sténographie visuelle et en quelque sorte atomiste ; mais, dénués de la délirante faculté de synthèse que possédait le poète, ils ne faisaient plus ressortir que les manques, les déchets, la solitude, l'envie, la stérilité. Stieglitz, qui s'était servi de la photographie pour lancer un défi à la civilisation matérialiste, était, au dire de Rosenfeld, « un homme de foi, intimement persuadé qu'il devait exister une Amérique spirituelle, une Amérique qui ne serait pas le tombeau de l'Occident ». Frank et Arbus, ainsi qu'un grand nombre de leurs contemporains et de leurs cadets, s'efforcent implicitement de montrer que l'Amérique est *réellement* le tombeau de l'Occident.

Depuis que l'art photographique a totalement renoncé à l'optimisme whitmanien — depuis que ses pratiquants ont cessé de comprendre la façon dont ils pouvaient s'efforcer d'être des artistes cultivés, affirmant leur autorité dans le dépassement —, les meilleurs parmi ceux qui s'y exercent en Amérique, de même qu'une grande partie des représentants de la culture américaine, se sont tournés vers les consolantes perspectives du surréalisme, et ils voulurent voir dans l'Amérique le pays surréaliste par excellence. Il serait évidemment beaucoup trop facile de prétendre que l'Amérique n'est plus qu'une grande foire aux phénomènes, un pays stérilisé — selon une vision d'un pessimisme radical, caractéristique de la réduction de l'univers des réalités à celui du surréel. Mais la prédilection typiquement américaine pour les grands mythes de la damnation et de la rédemption demeure un des éléments les plus dynamiques et l'un des aspects les plus séduisants de notre culture nationale. Il n'est resté de ce rêve aujourd'hui discrédité d'une révolution culturelle s'inspirant du message de Whitman que des fantômes de papier et une mise en ordre du désespoir qui se fonde sur une vision et sur un commentaire également acérés.

3. Objets de mélancolie

La photographie a la réputation peu enviable d'être le plus réaliste et, en conséquence, le plus faible des arts d'imitation. En réalité, elle est bien le seul art qui ait réussi à prendre en charge la menace grandiose, et vieille d'un siècle, que le surréalisme faisait peser sur la sensibilité moderne, alors que les autres arts avaient échoué dans cette entreprise.

La peinture subissait le handicap d'être, dès son origine, un des beaux-arts, où chaque production est un objet unique, fait de la main du réalisateur. D'autre part, on pouvait attendre beaucoup de la remarquable virtuosité technique des peintres qui se réclamaient de la doctrine surréaliste et qui ne pouvaient guère imaginer qu'un tableau fût composé d'éléments non figuratifs. Leurs toiles revêtaient l'aspect de réalisations complaisantes, onctueusement calculées, hors de toute dialectique. Longtemps ils avaient pris soin de garder prudemment leurs distances vis-à-vis de la théorie contestable du surréalisme qui voudrait effacer toute distinction entre l'art et ce qu'on appelle la vie, entre les objets et les faits, entre l'intentionnel et l'involontaire, entre amateurs et professionnels, entre le sublime et le vulgaire, entre la maîtrise technique et les fautes géniales. Il en résulte que l'apport du surréalisme en peinture ne représente guère qu'un assez maigre stock de rêves : quelques visions bizarres mais séduisantes, en fait surtout des rêves mouillés, des cauchemars d'agoraphobes. (L'école surréaliste en peinture ne paraît avoir trouvé une veine véritablement créatrice qu'au moment où Jackson Pollock et quelques autres artistes utilisèrent cette rhétorique libertaire dans une nouvelle forme d'abstraction irrévérencieuse.) Les résultats obtenus furent également décevants dans un autre domaine artistique auquel les premiers surréalistes étaient particulièrement attachés — celui de la poésie. Le surréalisme a su s'exprimer avec plus de force dans d'autres domaines : la fiction en proie (dont les sujets s'apparentent à ceux de la peinture, bien qu'ils soient plus variés et thématiquement plus complexes), le théâtre, les diverses formes de collages ; et il triomphe dans la photographie.

Si la photographie est, dès l'origine, la seule forme d'art authentiquement surréelle, on ne saurait dire que son destin soit lié à celui du mouvement tel qu'il est officiellement défini. Bien au contraire, les photographes (beaucoup d'entre eux ayant été d'abord des peintres) qui se situent volontairement dans le cadre du surréalisme ne sont guère mieux considérés de nos jours que cette école de photographes dits « pictorialistes » du XIXᵉ siècle qui cherchaient à donner à leurs travaux l'aspect de peintures de maîtres. Les plus séduisantes *trouvailles* des années vingt — les clichés surexposés et les effets de lumières de Man Ray, les photogrammes de Lazlo Moholy-Nagy, les études de surimpressions de Bragaglia, les photomontages de John Heartfield et d'Alexandre Rodchenko — ne sont guère considérées que comme des exploits marginaux dans l'histoire de la photographie. Les photographes qui se sont appliqués à modifier le réalisme prétendument superficiel de la prise de vue sont ceux qui ont fait ressortir avec le moins de force les qualités authentiquement surréalistes de l'art photographique. La technique inspirée du surréalisme, avec son répertoire d'inventions et de procédés spécifiques, fut rapidement récupérée par la mode au cours des années 1930 et de ce fait prit une apparence de banalité : cette photographie surréaliste se limitait presque à un art maniéré du portrait, reconnaissable à son utilisation des procédés décoratifs que le surréalisme avait introduits dans d'autres disciplines artistiques, notamment dans la peinture, le théâtre et la publicité. L'évolution même de l'activité photographique a apporté la preuve de l'inutilité, voire de l'exagération évidente, de la manipulation ou de la théâtralisation du réel par les surréalistes. L'acte même de la prise de vue est d'un caractère essentiellement surréaliste : il crée un double du monde existant, un modèle au second degré, miniaturisé mais d'aspect plus dramatique que celui que perçoit la vision naturelle. Moins le cliché paraîtra volontairement préparé et apprêté plus il sera d'aspect naïf et simple, et plus grande en sera la force.

Le surréalisme n'a cessé de courtiser l'accidentel, de faire fête à l'imprévisible, de se féliciter d'une présentation du désordre. Peut-on rêver objet plus surréaliste que celui qui peut se reproduire lui-même, et cela avec un minimum d'effort ? Un objet dont la beauté, la fantastique puissance émotionnelle ou évocatrice est susceptible d'être renforcée par l'intervention de multiples hasards ? C'est la photographie qui a révélé l'effet que peut produire la juxtaposition fortuite d'une machine à coudre et d'un parapluie, qu'un grand poète surréaliste a qualifié d'épitomé de la beauté.

Contrairement à une conception de l'objet d'art datant d'une époque antérieure à celle de la démocratie moderne, les photographies ne paraissent pas profondément révélatrices des intentions du réalisateur. Il semble plutôt que leur existence procède d'une vague et quasi accidentelle, quasi magique coopération entre le photographe et son modèle, concrétisée au moyen d'une machine automatique et simple, inaccessible à la fatigue, qui, même si le hasard se montre capricieux, permet d'obtenir des résultats intéressants et jamais totalement ratés. (En 1888, la publicité Kodak affirmait : « Appuyez sur le bouton, nous ferons le reste. » On garantissait à l'acheteur que la prise de vue serait « excellente ».) Dans le conte de fées de la photographie, l'intervention de la boîte magique élimine l'erreur et garantit la réussite ; elle corrige le défaut d'expérience et privilégie l'innocence.

Ce mythe est délicatement parodié dans un film muet de 1928, *le Cameraman*, où l'on voit le personnage rêveur et stupide de Buster Keaton, aux prises avec son calamiteux équipement, démolir portes et fenêtres chaque fois qu'il s'efforce d'installer son trépied, sans jamais parvenir à effectuer une prise de vue correcte, et réussir en fin de compte à tourner un long métrage par inadvertance — un photo-reportage à sensation sur la guerre secrète des clans dans les quartiers chinois de New York. C'est le singe apprivoisé, compagnon favori du héros, qui engage la bobine de film dans la caméra et qui, pendant un certain temps, joue le rôle de l'opérateur.

Les tenants du surréalisme commettaient l'erreur de penser que le surréalisme est un élément universel, c'est-à-dire quelque chose qui relève de la psychologie, alors qu'il s'agit en fait de caractéristiques locales, liées à des particularités de classe ou de race et datées de façon précise. Les premières photographies surréalistes remontent ainsi aux années 1850, période où les photographes commencèrent de parcourir les rues de Londres, de Paris et de New York à la recherche de ces tranches de vie dépourvues d'artifice. Ces prises de vue concrètes, spécifiques, anecdotiques (à ceci près que l'anecdote est aujourd'hui oubliée) — instants de détente, coutumes, disparités — nous paraissent toutes désormais beaucoup plus « sur-réelles » que n'importe quelle photographie, que des effets de surimpression, de sous- ou de sur-exposition, ou tout autre procédé de ce genre, détachent d'une réalité concrète. Persuadés que les images qu'ils voulaient obtenir devaient provenir de l'inconscient, dont le contenu, estimaient-ils en fidèles adeptes de la théorie freudienne, est à la fois universel et sans rapport avec le temps historique, les surréalistes négligeaient cet élément si vigoureusement émouvant, irrationnel, inassimilable et mystérieux — le temps réel. La qualité véritablement surréaliste d'une photographie provient de ce message, irréfutablement pathétique, dont elle est porteuse en tant qu'elle vient du passé, et des précisions concrètes qu'elle peut nous fournir sur des particularités de classe.

Le fait que les amis d'André Breton — par dégoût des valeurs bourgeoises — aient cru en l'universalité du surréalisme ne fait que témoigner de la nature typiquement bourgeoise du mouvement. N'étant qu'un esthétisme qui aspirait à devenir politique, le surréalisme prit parti pour les perdants, pour le droit à l'établissement d'une autre réalité, opposée à celle de l'institution. Mais les scandales que recherchaient les surréalistes sur le plan esthétique n'avaient trait, en général, qu'aux domaines des mystères domestiques dissimulés par l'ordre social bourgeois : la sexualité et la misère. L'érotisme, que les surréalistes plaçaient au premier rang de ces réalités interdites qu'ils s'efforçaient de réhabiliter, faisait lui-même indissociablement partie du mystère qui enveloppe l'existence des classes. Alors qu'il semblait surtout florissant aux deux extrémités de l'échelle sociale, le libertinage étant considéré comme un penchant des plus naturels au sein de l'élite comme parmi les déshérités, la bourgeoisie moyenne avait encore à réaliser sa révolution sexuelle. La réalité la plus obscurément mystérieuse était celle même des classes : l'auréole de prestige qui entoure la condition des riches et des puissants, l'obscure dégradation des pauvres et des parias sociaux.

La photographie fut conduite, dès son origine, à considérer la réalité des choses comme une sorte de terre étrangère que le chasseur d'images, armé de son appareil, devait saisir pour la faire connaître — conception qui allait être marquée par la confluence des courants de la contre-culture surréaliste avec ceux du réformisme social aventureux propre à la bourgeoisie moyenne. La photographie a toujours connu la fascination des élites sociales aussi bien que celle des bas-fonds de la société. Les tenants de la photo-document — qu'il faut se garder de confondre avec ceux qui font de leur appareil un usage courtisan — ont toujours eu pour les plus misérables une préférence marquée. Depuis plus d'un siècle, les photographes n'ont cessé d'observer les opprimés, de chercher à fixer des scènes de violence — et cela avec une surprenante bonne conscience. A ceux qui étaient installés dans le confort, la misère sociale inspirait le désir de prendre des photographies ; il n'est point d'acte prédateur si noble, plus doux, afin de se documenter sur une réalité cachée, c'est-à-dire une réalité qui *leur* était cachée.

Se tournant avec curiosité vers la réalité que connaissent les autres, se tournant vers elle avec le détachement du professionnel, le photographe opère en tous lieux comme si son activité, totalement indépendante des intérêts de classe, se situait dans la perspective de l'universel. En fait, la photographie fut conçue, dès son origine, comme l'instrument perfectionné de la vision du *flâneur* bourgeois, dont la forme de sensibilité a été parfaitement décrite par Baudelaire. Le photographe, armé de son appareil, devient l'homologue du promeneur solitaire naviguant dans l'enfer urbain, le vagabond voyeur qui découvre dans les aspects de la cité les contours d'un paysage voluptueux. Féru du plaisir d'observer, connaisseur en matière de sentiments, le *flâneur* trouve que le monde est « pittoresque ». Les découvertes du *flâneur* de Baudelaire nous apparaissent de façon typique dans les instantanés sans artifice que Paul Martin prenait dans les rues de Londres ou sur les plages au cours des années 1890 ; ou ceux qu'Arnold Genthe prit dans les quartiers chinois de San Francisco (l'un et l'autre se servaient d'un appareil dissimulé) ; ou encore dans les clichés crépusculaires d'Atget représentant un Paris de ruelles pauvres et de boutiques délabrées ; dans ces aperçus dramatiques de la sexualité et de la solitude que l'on

voit dans l'ouvrage de Brassaï, *Paris de nuit* (1933) ;
ou encore dans ces images d'une ville dévastée que
présente la *Naked City* de Weegee (1945). Nullement attiré
par les réalités officielles de la cité, le *flâneur* en découvre les aspects sombres et calamiteux, sa population de
parias — réalité inavouée, que dissimule la façade d'une
existence bourgeoise et que le photographe « appréhende » de la même façon qu'un détective appréhende
un criminel.

Revenons-en au *Cameraman* : le récit d'une guerre secrète dans un misérable milieu chinois représente un sujet idéal. Il est de nature tout à fait exotique et mérite en
conséquence d'être photographié. Le fait que le héros
n'ait rien compris à son sujet explique pour une part le
succès du film. Il n'a même pas l'air de comprendre, dans
l'interprétation de Buster Keaton, que sa vie est en danger. Un sujet surréaliste par excellence est celui que
traite Jacob Riis dans son recueil de photographies de
miséreux new-yorkais, qui porte le titre innocemment explicite de *How the Other Half Lives* (Comment vit l'autre
moitié du monde) et qui parut en 1890. Conçue comme
un instrument de documentation sociale, la photographie
est très représentative de cette attitude typiquement bourgeoise, ou à la fois jalouse et tolérante, indifférente et
curieuse, que l'on qualifie d'humanisme, et qui découvre
dans les quartiers misérables les décors les plus capti-
vants. Certes les photographes contemporains ont appris
à approfondir et à délimiter leur sujet. Au lieu de cette
sorte de macédoine que nous offre « l'autre moitié du
monde », nous avons, par exemple, l'ouvrage de photographies de Harlem que Bruce Davidson publia en 1970 :
East 100th Street (Centième Rue Est). La justification est
toujours la même : la prise de vue sert un noble objectif —
découvrir une réalité cachée, préserver les images d'une
réalité qui va disparaître. En outre, la vérité que l'on
dissimule se confond fréquemment avec ce passé qui dis-
paraît. De 1874 à 1886, les riches Londoniens avaient la
possibilité d'apporter leur obole à la Société de photo-

graphie des vestiges du Londres des temps passés (Society for Photographing the Relics of Old London).

Tout d'abord artistes témoins de la sensibilité urbaine, les photographes ne tardèrent pas à s'apercevoir que la nature n'est pas moins exotique que la cité, et les paysans tout aussi pittoresques que les habitants des taudis citadins. En 1897, Sir Benjamin Stone, riche industriel et député conservateur de Birmingham, fondait la National Photographic Record Association ; celle-ci avait pour but de recueillir des documents sur les cérémonies traditionnelles anglaises et les fêtes villageoises qui avaient tendance à disparaître. « Chaque village, écrivait Stone, possède une histoire que l'appareil photographique a pour mission de préserver. » Pour un photographe issu d'une famille noble, et lettré, comme l'était le comte Giuseppe Primoli, la vie de la populace de la rue n'offrait pas un intérêt moindre que celle de ses pairs de l'aristocratie : on peut s'en rendre compte en comparant les portraits de Victor-Emmanuel réalisés par Promoli lors du mariage du roi avec ses photographies des pauvres gens de Naples. Pour qu'un photographe qui, comme Jacques-Henri Lartigue, montra du génie dès l'enfance, limite le choix de ses sujets aux bizarres coutumes de sa propre famille et de son milieu social, il fallait qu'il fût totalement incapable de percevoir l'évolution de la société d'alors. Mais quiconque se sert d'un appareil photographique devient de ce fait un touriste explorant les réalités de l'existence d'autrui et, éventuellement, celles de sa propre existence.

Les 36 photographies de *Street Life in London* (1877-1878), prises par le voyageur et photographe britannique John Thomson, furent peut-être le premier exemple de cette tendance constante à tourner le regard vers les couches inférieures de la société. Mais, parmi ces photographes particulièrement attirés par la représentation des pauvres gens, un grand nombre cherchèrent à élargir leur champ d'exploration aux pays exotiques les plus lointains. La carrière de Thomson est elle-même un modèle de ce type de démarche. Avant d'observer les pauvres de son propre pays, il avait déjà exploré des régions lointaines et rapporté d'un séjour en Chine un recueil de photographies en quatre volumes : *Illustration of China and Its People* (1873-1874). Puis, après la publication de son livre sur la vie quotidienne dans certaines rues misérables de Londres, il se tourna vers l'observation des plus riches habitants de la capitale et les photographia dans leurs intérieurs : c'est lui qui, aux environs de 1880, lança la mode des portraits dans le cadre du foyer familial.

Depuis l'apparition des photographes professionnels, ceux-ci se distinguèrent par leur capacité d'explorer tous les milieux sociaux ; et la plupart des photographes ajoutaient à leurs études des couches misérables de la population des portraits de célébrités, ou des travaux à caractère commercial (mode, publicité), ou encore des études de nus. Des photographes dont la carrière au cours de ce siècle fut exemplaire (comme Edward Steichen, Bill Brandt, Henri Cartier-Bresson, Richard Avedon) n'ont cessé de passer d'un milieu d'observation ou d'un thème de recherche à un autre d'une importance toute différente, d'un point de vue social ou moral. La rupture la plus dramatiquement significative est sans doute celle que l'on constate entre les travaux d'avant-guerre de Bill Brandt et ceux qu'il réalisa après la guerre. Comme ses photographies aux tons rudes de milieux misérables du Nord de l'Angleterre, à l'époque de la dépression, paraissent loin des portraits stylisés de personnes célèbres et de ses études de nus à demi abstraites des plus récentes décennies. Mais la personnalité du photographe n'est pas elle-même mise en cause dans ce genre de contraste, qui n'est au fond nullement illogique. Le photographe, dans sa démarche aventureuse, est tout naturellement conduit à passer de l'observation de réalités sordides à celle des plus fascinantes — à moins qu'il ne se cantonne lui-même dans les limites d'une obsession personnelle (comme cette prédilection que manifestait Lewis Carroll pour les petites filles, ou celle de Diane Arbus pour des types exemplaires de misère inconsciente).

La misère, aussi bien que la richesse, offre un aspect « surréel » : l'image d'une princesse en robe de soirée ou celle de la plus simple nudité prennent une apparence non moins surréaliste que celle d'un clochard dans ses haillons. Le véritable élément surréaliste procède de la distance imposée et en même temps comblée par la photographie elle-même — distance temporelle et distanciation sociale. Du point de vue caractéristique de l'état d'esprit de la moyenne bourgeoisie, qui est aussi celui de la vision photographique, les personnes célèbres ne sont pas moins mystérieuses et dignes d'intérêt que les parias. Les photographes ne sont pas tenus d'adopter une attitude intelligemment ironique à l'égard de leurs modèles stéréotypés. Une fascination empreinte d'un respect religieux pourra également convenir, surtout lorsqu'il s'agira des sujets les plus conventionnels.

Rien n'est apparemment plus éloigné des nuances subtiles d'Avedon, par exemple, que les travaux de Ghitta Carell, photographe d'origine hongroise, devant qui posèrent des célébrités de la période mussolinienne. Mais à l'heure actuelle ses portraits offrent un aspect aussi original que ceux qui furent réalisés par Avedon, et ils semblent avoir une qualité surréaliste beaucoup plus frappante que les photographies que réalisait à la même période un Cecil Beaton manifestement influencé par le surréalisme. En plaçant ses modèles dans des décors d'une luxueuse fantaisie — voir, par exemple, ses photographies d'Edith Sitwell en 1927, de Cocteau en 1936 —, Beaton en fait des sortes d'effigies typées, peu convaincantes et en même temps terriblement explicites. Alors que, par son innocente complicité avec le désir manifesté par les généraux, les aristocrates et les acteurs italiens d'adopter une attitude de fermeté impavide et glorieuse, Carell nous dévoile sans ambiguïté la vérité profonde de leur caractère. Le respect du photographe les fait paraître dignes d'intérêt ; le temps, qui les a rendus inoffensifs, accuse le côté tristement humain de leur nature.

Certains photographes cherchent à faire œuvre scientifique, d'autres adoptent une position moralisatrice. Les scientifiques s'efforcent d'inventorier les réalités du monde, les moralistes s'attachent à des thèmes brutalement émouvants. Un exemple type de conception scientifique est celui du projet conçu par August Sander en 1911 : établir le catalogue photographique de tous les types d'Allemands. Contrairement aux dessins de George Grosz qui recensaient de façon caricaturale les traits d'une grande variété de types sociaux dans la République de Weimar, les « portraits d'archétypes » de Sander, selon sa propre expression, devaient exiger une attitude pseudo-scientifique de neutralité, comparable à celle qu'adoptaient, non sans dissimuler leur parti pris, des spécialistes de diverses sciences typologiques qui se développèrent au cours du xixᵉ siècle, comme la phrénologie, la criminologie, la psychiatrie, l'eugénie. Le choix de modèles représentatifs de caractères généraux n'était pas la préoccupation majeure de Sander, car il estimait, à juste titre, que la photographie révèle, sur n'importe quel visage, les traits spécifiques du masque social. La photographie de chaque individu devient ainsi le signe symbolique d'une certaine activité, d'une certaine classe ou profession. Tous ses modèles deviennent ainsi représentatifs, et au même titre, d'une réalité sociale donnée — celle à laquelle ils appartiennent.

La vision de Sander n'est nullement cruelle : elle est généreuse, il se garde de porter un jugement. Comparons ses clichés de 1930 sur « les Gens du cirque » avec les études d'Arbus sur le même thème, ou avec les portraits de demi-mondaines réalisés par Lisette Model. Les sujets de Sander regardent fixement l'appareil, comme le font également les personnages des photographies d'Arbus et de Model, mais ce regard n'a rien d'intimement révélateur. Sander ne recherche pas une vérité secrète ; il observe ce qui est caractéristique. Dans la société, il n'y a pas de mystère. Comme ces études photographiques, réalisées par Eadweard Muybridge au cours des années 1880, qui étaient parvenues à rectifier des erreurs de vision, auparavant commises par tous, sur les mouvements du galop du cheval ou de la marche de l'homme, par la décomposition de ces mouvements en d'assez longues séries d'instantanés explicites, Sander se proposait d'éclairer la nature de l'ordre social en le subdivisant en une infinité d'images de types sociaux. Il n'est pas très surprenant qu'en 1934, cinq ans après la publication du recueil de Sander, *Antlitz der Zeit* (le Visage de notre temps), les nazis en aient fait saisir tous les exemplaires non vendus et détruit les matrices d'imprimerie, mettant ainsi un terme brutal à ce projet de mise au jour d'une image représentative de la communauté nationale. (Sander, qui demeura en Allemagne pendant toute la période hitlérienne, se consacra dès lors à la photographie de paysages.) Le projet de Sander avait été qualifié d'antisocial. Les nazis jugeaient peut-être nuisible au progrès social le fait que le photographe soit considéré comme un agent de recensement impartial, dont le fichier documentaire aurait pour effet de rendre tout commentaire, voire toute appréciation, abusifs.

Contrairement à l'échantillonnage établi par la plupart des photographes de documents fascinés par le spectacle de la misère ou de l'anormalité, thèmes photographiques par excellence, ou par les visages de personnes célèbres, celui que nous présente Sander est parfaitement révélateur du but recherché et d'une ampleur exceptionnelle. Il comprend des bureaucrates comme des paysans, des domestiques et des dames de la haute société, des ouvriers et des industriels, des militaires et des gitans, des acteurs aussi bien que des employés de bureau. Cette variété extrême des modèles n'empêche nullement l'indication des différences entre les catégories sociales. L'éclectisme du style de Sander est révélateur de ses intentions. Certains clichés ont un aspect naturellement facile et accidentel, d'autres paraissent naïfs et gauches. De nombreuses photographies, prises devant un fond blanc, marquent un stade stylistique intermédiaire entre de magnifiques instantanés et des portraits en studio, à la mode ancienne. Sander, comme inconsciemment, modifie son style en fonction du rang social de la personne qu'il photographie. Il saisit de préférence à l'intérieur et sans aucun accessoire les personnes riches et les représentants de professions libérales. Les visages parlent d'eux-mêmes. Les ouvriers et les déshérités sont généralement présentés dans un certain cadre, le plus souvent à l'extérieur, qui tend à les situer, à parler en leur nom — comme s'ils étaient jugés incapables de posséder des personnalités distinctes comme celles que l'on trouve normalement dans les couches moyennes et supérieures de la société.

Dans l'œuvre de Sander, chaque individu se trouve à sa place, nul n'est égaré, gêné ou en porte à faux. Un idiot y est photographié avec la même objectivité froide qu'un maçon, un vétéran unijambiste de la Première Guerre mondiale comme un jeune soldat éclatant de santé dans son uniforme, des étudiants communistes en train de manifester tout autant que des nazis au large sourire, un capitaine d'industrie comme un chanteur d'opéra. « Il n'est pas dans mes intentions de critiquer ces gens-là, ni de les dépeindre », assurait Sander. Qu'il déclare n'avoir pas voulu critiquer ses modèles en les photographiant peut paraître tout naturel, mais il n'est pas sans intérêt de noter qu'il ne pensait pas non plus les avoir *dépeints*. Le rapport complice de Sander avec chacun de ses sujets ne l'empêche pas pour autant de garder ses distances. Il ne s'agit pas d'une complicité naïve avec ses modèles, comme dans le cas de Carell, mais d'un refus total de parti pris. Dans l'histoire de la photographie, cette œuvre est l'une de celles où l'on voit, en dépit de l'expression réaliste des catégories sociales, le pouvoir d'abstraction du photographe poussé à ses extrêmes limites.

On imagine difficilement qu'un travail de classification d'une ampleur comparable à celui qu'a réalisé Sander puisse être entrepris par un Américain. Les réalisations des grands portraitistes américains — comme les *American Photographs* (1938) de Walter Evans et *The Americans* (1959) de Robert Frank — furent délibérément occasionnelles, tout en continuant de traduire la prédilection habituelle des photographes de documents pour les malheureux et les parias — tous les membres oubliés de la communauté nationale. Et le programme collectif de photographie le plus ambitieux, entrepris aux Etats-Unis en 1935 par la Farm Security Administration, sous la direction de Roy Emerson Stryker, s'intéressait exclusivement à des catégories sociales à faibles revenus [1]. Le programme de la F.S.A., conçu comme « un catalogue documentaire sur les régions rurales et les problèmes de nos campagnes », comme le précisait Stryker, avait ouvertement des objectifs de propagande, et, tout en dirigeant son équipe, Stryker définissait clairement la façon dont il convenait de les aborder. Il fallait, selon ce programme, montrer quelle était la qualité des individus photographiés. Le point de vue, qui était ainsi implicitement défini, n'était autre que celui de la bourgeoisie moyenne qui avait besoin de se convaincre que les pauvres étaient réellement pauvres tout en demeurant en même temps pleins de dignité. La comparaison entre les photographies de la F.S.A. et

1. Ce point de vue s'est cependant modifié, comme l'indique une instruction de Stryker adressée à son personnel en 1942, lorsque la Seconde Guerre mondiale et la nécessité de soutenir le moral de la population firent qu'il parut peu souhaitable de faire ressortir la misère des pauvres. « *Il nous faut sans tarder* des images d'hommes, de femmes et d'enfants qui semblent pleins de foi dans l'avenir des Etats-Unis. Choisissez des gens sans problème. Dans nos dossiers, il y a trop d'images qui dépeignent les Etats-Unis comme un foyer de vieillards, trop âgés pour se mettre au travail et trop mal nourris pour se soucier de ce qui se passe dans le monde. Il nous faut tout spécialement des images de cette jeunesse, hommes ou femmes, qui travaille dans nos usines ; des maîtresses de maison dans leur cuisine, ou en train de cueillir des fleurs dans leur jardin ; et un peu plus de couples âgés qui paraissent pleinement satisfaits de leur sort... »

celles de Sander est fort instructive. Si, dans l'œuvre de Sander, les pauvres ne semblent pas dépourvus de dignité, ce n'est pas parce qu'ils sont regardés avec compassion. Cette dignité apparaît en complément, du fait que l'observateur les a observés du même regard froid qu'il porte sur n'importe lequel de ses modèles.

Les photographes américains ont rarement manifesté un tel détachement. On trouve cependant une démarche comparable à celle de Sander chez ceux qui ont cherché à recueillir des documents sur des populations ou des aspects de l'Amérique en voie de disparition — comme Adam Clark Vroman qui, de 1895 à 1904, photographia les Indiens de l'Arizona et du Nouveau-Mexique. Les très belles photographies de Vroman sont dépourvues de toute expression, sentimentale ou louangeuse. A l'inverse des photographies de la F.S.A., elles ne se préoccupent pas d'être émouvantes, elles ne sont empreintes d'aucune familiarité et ne cherchent pas à solliciter notre sympathie. Il ne s'agit nullement de propagande en faveur des Indiens. Sander ignorait qu'il photographiait un monde en train de disparaître. Vroman, lui, en était conscient. Il savait aussi qu'il n'y avait aucune voie de salut pour ce monde dont il s'efforçait de fixer les traits.

En Europe, la photographie a exploité très largement les thèmes du pittoresque (avec les étrangers, les pauvres, tous ceux que le temps a usés), de la richesse (avec les riches, les célébrités), de la beauté physique. Les photographes recommandaient — ou s'efforçaient d'atteindre — une attitude de neutralité. Les Américains, beaucoup moins convaincus de la permanence d'un système social de base, spécialistes en « réalités », persuadés du caractère inévitable du changement, se sont plus fréquemment adonnés à la photographie partisane. Les photographies ne sont pas faites simplement pour montrer ce qu'il convient d'admirer, mais pour montrer ce qui doit être déploré, ce qu'il faut affronter — ce dont il faut bien s'accommoder. La photographie américaine entretient un rapport plus sommaire et plus instable avec la réalité historique, et une relation plus chargée d'espoir et en même temps de volonté prédatrice avec les réalités sociales et géographiques.

La façon dont la photographie, en Amérique, est sciemment utilisée pour provoquer une prise de conscience illustre de façon exemplaire cette espérance. Au début du siècle, Lewis Hine fut nommé photographe officiel de la Commission d'enquête nationale sur l'enfance au travail (National Child Labor Committee) et ses photographies de gamins occupant des postes dans des fabriques de cotonnades, arrachant des betteraves et descendant dans les mines de charbon eurent une influence décisive pour le vote d'une loi interdisant le travail des enfants. A l'époque du New Deal, le programme de la F.S.A., sous la direction de Stryker qui était lui-même un disciple de Hine, renseignait les services spécialisés de Washington sur la condition des immigrants et des paysans, en vue d'aider à l'établissement de programmes d'assistance. Mais, alors même qu'elle se consacrait à ces buts hautement moraux, la photographie documentaire exerçait une influence déterminante dans un tout autre sens. Les documents rapportés par Thomson sur ses voyages, d'un caractère parfaitement détaché, ainsi que les froides explorations des bas-fonds de la société auxquelles se livraient Riis ou Hine, témoignent du désir d'appréhender une réalité autre que celle d'un univers familier. Et il n'est aucune réalité dont on ne puisse ainsi se saisir, qu'elle soit scandaleuse et susceptible d'être redressée ou qu'elle soit un objet de beauté ou qui paraîtra tel grâce à l'appareil photographique. Ces deux types de réalités, le photographe a la possibilité de les relier l'un à l'autre, comme l'indiquait le titre d'une interview de Hine en 1920 : « Présentation esthétique du milieu ouvrier. »

La photographie va de pair avec le tourisme, et au cœur même de cette alliance se retrouve l'aspect prédateur de la photographie, qui se manifeste aux Etats-Unis avec plus d'évidence qu'en tout autre lieu. L'achèvement, en 1869, du chemin de fer transcontinental, marquant l'ouverture de la route de l'Ouest, allait être suivi d'une sorte de colonisation photographique. Les populations indiennes l'éprouvèrent de la façon la plus brutale. Dès la fin de la guerre de Sécession, des photographes amateurs, discrets et sérieux, comme Vroman, commencèrent d'opérer. Ils étaient à l'avant-garde de l'armée de touristes qui, vers la fin du siècle, en quête « d'un bon instantané de la vie indienne », envahirent ces territoires. Photographiant les danses, les objets et les lieux sacrés, les touristes s'immiscèrent dans l'intimité de la vie des tribus indiennes, payant au besoin pour obtenir des poses, et invitant les Indiens à modifier leurs cérémonies traditionnelles pour prendre des clichés plus spectaculaires.

Mais que des modifications soient introduites dans un cérémonial indigène par l'arrivée de hordes touristiques ou qu'un scandale social soit aboli après que quelque photographie l'aura révélé, l'effet est de même nature. Pour peu que les propagateurs d'images chocs aient obtenu des résultats, ils sont eux aussi parvenus à modifier l'objet qu'ils photographiaient. En fait, la photographie devient une sorte de démarche habituelle dans un processus de modification de la réalité. Ce qu'il faut redouter, c'est un changement formel, limité au point d'impact du sujet photographié. Le quartier pauvre de New York, Mulberry Bend, photographié par Riis à la fin des années 1880, fut par la suite rasé et ses habitants relogés par ordre de Theodore Roosevelt, alors gouverneur de l'Etat, cependant qu'on laissait subsister d'autres groupements de taudis tout aussi misérables.

Le photographe saccage ou préserve, dénonce ou consacre. La photographie exprime l'impatience qu'éprouvent les Américains en face de la réalité, et leur goût pour des activités qu'ils peuvent exercer par l'intermédiaire d'une machine. « La vitesse, voilà ce qui compte au fond en tout cela, écrivait Hart Crane, au sujet de Stieglitz, en

1923, un centième de seconde pour saisir le mouvement d'une façon si précise qu'il se poursuit indéfiniment sur l'image. L'instant éternisé. » Confrontés à l'immensité, à l'aspect étrange et effrayant d'un continent récemment habité et conquis, les voyageurs utilisaient leurs appareils photographiques pour s'approprier les lieux qu'ils visitaient. A l'entrée d'un grand nombre d'agglomérations, Kodak avait installé des panneaux énumérant les sites qu'il convenait de photographier. Dans les parcs nationaux, les emplacements d'où les touristes pouvaient procéder à des prises de vues étaient également signalés par des panneaux.

En Allemagne, Sander se sentait vraiment chez lui partout. Les photographes américains, eux, se lancent souvent sur les routes, à la fois émerveillés et irrévérencieux devant les surprises invraisemblables que leur réserve le pays. Moralistes et prédateurs sans scrupules, se conduisant en même temps dans leur pays comme des étrangers et comme des enfants, ils se saisissent visuellement des choses qui sont en train de disparaître et dont, en les photographiant, ils accélèrent fréquemment la disparition. Saisir l'un après l'autre, comme le faisait Sander, chaque spécimen social, en cherchant à réaliser l'idéal d'un inventaire complet, suppose que la société peut être conçue comme un tout qu'on peut appréhender et parfaitement définir. Les photographes européens estimaient naguère que la permanence des types sociaux était assez comparable à celle des espèces naturelles. En Amérique, tout spécimen typé devient bientôt un reliquat du passé.

Le paysage américain a toujours paru beaucoup trop varié, trop immense, fuyant et mystérieux, pour faire l'objet d'un inventaire scientifique. Henry James écrivait, dans *The American Scene* (1907) :

Il ne sait pas, il ne peut pas dire avant de connaître les faits, et il ne désire même pas savoir ou dire ; les faits eux-mêmes s'estompent, avant l'appréhension, masse trop importante pour qu'on puisse la saisir à pleine bouche : c'est comme un flux de syllabes trop nombreuses pour en construire un mot lisible. Ce mot *il*lisible, l'incompréhensible réponse à toute question, est suspendu sur le vaste horizon de l'Amérique, comme, devant son imagination, quelque chose de fantastique et d'*abracadabrant*, ne relevant d'aucun langage connu, et, sous ce pavillon qui lui convient, il voyage, il observe et contemple, et, dans toute la mesure de ses possibilités, il trouve plaisir.

Les Américains ont l'impression que leur pays est réellement prodigieux et si mobile que ce serait le comble de la présomption de vouloir le définir, le répertorier d'une manière scientifique. On ne pourrait l'atteindre que de façon indirecte, en usant de subterfuges — en le subdivisant en fragments bizarres, qu'il serait possible, en quelque sorte, par synecdoque, de prendre pour le tout.

Les photographes en Amérique, de même que les écrivains, posent en principe que la réalité de leur pays comporte quelque chose d'ineffable, quelque chose qui ne s'est peut-être jamais vu auparavant. Jack Kerouac commence en ces termes sa préface au recueil de Robert Frank, *The Americans* :

Cette impression de *bizarrerie* qui vous prend, en Amérique, quand le soleil brûle les rues et qu'un air de musique vous arrive d'un juke-box ou d'un proche cortège d'enterrement, voilà ce que Robert Frank a su saisir dans ces formidables photographies, en parcourant les routes d'au moins quarante-huit Etats dans sa vieille voiture usagée (avec le soutien d'une bourse Guggenheim), et avec la promptitude mystérieuse, le talent, cette impression d'étrange et secrète tristesse, venue de ces prises de vue fantomatiques jamais saisies auparavant sur une pellicule... Après avoir regardé ces images, on ne sait plus très bien en fin de compte si un juke-box n'est pas plus triste encore qu'un cercueil.

Tout inventaire des réalités américaines est inévitablement antiscientifique, il s'agit d'un mélange délirant, abracadabrant, d'objets divers, dans lequel un juke-box peut prendre l'allure d'un cercueil. Henry James, quant à lui, formulait ce jugement d'une ironie un peu amère : « A travers le pays entier, l'effet que produit la dimension des choses est le seul qui ne soit pas directement contraire à la joie. » Chez Kerouac, comme dans les courants traditionnels de la photographie américaine, la tristesse prédomine. Au-delà des efforts répétés des photographes américains pour regarder autour d'eux, en faisant appel au hasard, sans idées préconçues — pour éclairer leurs modèles et les fixer avec impartialité —, on voit se dessiner la triste impression d'une perte irréparable.

Cherchant à exprimer efficacement cette impression de perte, la photographie s'efforce d'exploiter en l'élargissant une imagerie familière, véhicule du mystère, du transitoire, de l'approche de la mort. Certains des plus anciens représentants de la photographie américaine font appel aux images traditionnelles, évocatrices d'un passé fantomatique, tel Clarence John Laughlin, qui se proclamait lui-même partisan d'un « romantisme radical », et qui, vers le milieu des années 1930, commença de photographier des maisons en ruine dans les plantations du cours inférieur du Mississippi, des monuments funéraires dans les cimetières de la Louisiane, des intérieurs de demeures victoriennes à Milwaukee et à Chicago ; mais sa méthode est aussi efficace lorsqu'il s'attaque à des sujets qui ne touchent pas aussi conventionnellement au passé, comme le montre une photographie qu'il prit en 1962, « Spectre of Coca-Cola ». Outre des images du passé, d'un romantisme plus ou moins appuyé, la photographie nous offre des images du présent qui ont un caractère tout aussi romantique. Le photographe, en Amérique, ne se contente pas de fixer les traits du passé, il se montre aussi capable de créer du passé. « Le photographe, écrit Berenice Abbott, est par excellence le contemporain de notre existence : à travers son regard, tout ce qui est présent devient passé. »

Retournant à New York, après son séjour à Paris et des années d'apprentissage auprès de Man Ray, après la découverte des travaux fort peu connus d'Eugène Atget qu'elle allait contribuer à faire connaître, Berenice Abbott commença de fixer les images de la grande cité. Dans la préface du recueil de photographies qu'elle publia en 1939, sous le titre *Changing New York* (Transformation de New York), elle explique ainsi sa démarche : « Si je n'avais jamais quitté l'Amérique, je n'aurais jamais éprouvé le désir de photographier New York. Mais, en revoyant la ville avec un regard neuf, j'ai compris que c'était là *mon* pays, une réalité qu'il me fallait présenter en photographie. » Le dessein d'Abbott (« Il fallait que je fixe son image avant que New York n'ait complètement changé ») ressemble fort à celui que poursuivait Atget, qui passa des années, de 1898 à sa mort en 1927, à recueillir patiemment, obscurément, des séries de documents sur un Paris des humbles quartiers qui était en train de disparaître. Mais Abbott rendait compte d'un mouvement plus extraordinaire encore : l'incessant déferlement du nouveau. Fort différent de Paris était le New York des années trente : « Moins de beauté et de tradition ; en revanche, une sorte de fantasia originale décuplée par une voracité sans frein. » Le titre de l'ouvrage d'Abbott convient parfaitement à son objectif, car elle se soucie moins de préserver des images du passé que de recueillir des documents sur la puissance autodestructive de l'expérience américaine pendant une période de dix années, au cours de laquelle les formes d'un passé récent sont constamment épuisées, rejetées, détruites, mises à l'encan. Les Américains sont de moins en moins soucieux de détenir des objets marqués de la patine du temps : mobilier ancien, vaisselle des grands-parents — toutes ces choses usagées, tièdes encore de l'attouchement des générations passées, que Rilke célébrait dans les *Elégies de Duino* comme l'élément essentiel de tout paysage humain. Nous gardons, par contre, nos images fantômes sur carton, nos paysages transistorisés. Tout un musée transportable, à peine plus lourd qu'un duvet d'oiseau.

Ces photographies qui, en fixant les formes du passé, en font un objet de consommation, sont comme les menus éléments d'un puzzle incomplet. Toute collection de photographies constitue un exercice de montage surréaliste et un abrégé surréaliste de l'histoire. Comme Kurt Schwitters et plus récemment Bruce Conner et Ed Kienholz, qui fabriquaient des objets précieux, des tableaux, des décors à l'aide de déchets, nous nous servons aujourd'hui de tas de détritus pour faire de l'histoire. Et cette pratique exige une certaine vertu, un certain civisme portant la marque d'une société démocratique. La mentalité véritablement moderne n'est pas faite d'austérité, mais d'une sorte de plénitude tout encombrée de déchets — pâle copie du rêve magnanime de Whitman. Influencés par des photographes et des artistes pop, certains architectes, comme Robert Venturi, se sont inspirés des constructions de Las Vegas et ont trouvé dans la perspective de Times Square une sorte de digne équivalent moderne de la place Saint-Marc. Et Reyner Banham chante les louanges de « l'architecture présente et instantanée de Los Angeles et de son paysage urbain », à cause de son apport de liberté et d'une vie pleine, inconcevable parmi les splendeurs et les taudis sordides des grandes villes de l'Europe — exaltant ainsi le pouvoir de libération d'une société qui devient consciente d'ellemême dans un décor fait de morceaux et de débris. Pays surréaliste par excellence, l'Amérique est pleine d'objets trouvés. On y fait de l'art avec nos débris. Nos débris deviennent historiques.

Les photographies sont évidemment des produits de l'activité humaine. Mais, dans un monde qui se couvre littéralement de clichés reliques, leur attrait provient également de ce que nous voyons en elles des objets trouvés — de petits morceaux de monde découverts à l'improviste. Le prestige de l'art et la magie du réel jouent ainsi concurremment : en une grêle d'informations tombée des nuages de la fantaisie. La photographie est devenue la forme d'art essentielle des sociétés d'abondance, de gaspillage et d'agitation — elle est un instrument indispensable de la nouvelle culture de masse qui a pris forme aux Etats-Unis, après la guerre de Sécession, et qui n'a envahi l'Europe qu'à la suite de la Seconde Guerre mondiale, bien que ses normes de valeurs aient commencé d'être acceptées par les milieux de la riche bourgeoisie dès les années 1850, lorsque, selon la description tristement désabusée de Baudelaire, « la société immonde se rua, comme un seul Narcisse, pour contempler sa triviale image sur le métal... ». Daguerre avait inventé « le moyen, à bon marché, de répandre dans le peuple le dégoût de l'histoire... ».

Une appropriation surréaliste de l'histoire implique à la fois un fond de tristesse et, en surface, gloutonnerie et impertinence. Alors que la photographie en était à peine à ses débuts, vers la fin des années 1830, William H. Fox Talbot remarquait cette aptitude particulière de la chambre noire à témoigner « des injures du temps ». Fox Talbot voulait parler du sort des immeubles et des monuments. Pour nous, c'est l'érosion de la chair plus que celle des monuments qui retient notre attention. Nous suivons, à travers les photographies, de la façon la plus intime et la plus troublante, les progrès de la décrépitude. A la vue d'une photographie ancienne, de nous-même, de quelqu'un que nous connaissons, ou d'une personnalité notoire, notre première pensée est : « Ah ! comme il (ou elle) avait l'air jeune alors ! » La photographie fait l'inventaire de notre condition mortelle. Il suffit d'un attouchement du doigt pour que l'instant s'emplisse d'une ironie posthume. D'une façon irréfutable, les photographies montrent que des personnes se sont trouvées *là*, à un moment précis de leur existence ; elles rassemblent des êtres et des choses qui, un instant plus tard, étaient déjà dispersés, qui ont changé, poursuivi le cours de leurs destinées particulières. Nous sommes profondément touchés par ces photographies de la vie quotidienne dans les ghettos de Pologne, prises par Roman Vishniac en 1938, parce que nous savons que tous ces hommes et ces femmes vont bientôt périr. Tous les visages que le promeneur solitaire aperçoit, fixés dans leur encadrement de verre sur les pierres tombales des cimetières de pays latins, lui semblent porter sur leurs traits le pressentiment de leur mort. Les photographies proclament l'innocence et la vulnérabilité de ces vies qui ont été détruites, et les photographes portraitistes sont tous hantés par ce lien existant entre la photographie et la mort. Dans le film de Robert Siodmak, *Menschen am Sonntag* (1929), nous voyons quelques ouvriers berlinois qui se font photographier à la fin d'une sortie du dimanche. Ils vont se placer chacun à leur tour devant l'appareil du photographe ambulant, sourient avec inquiétude, font des grimaces, regardent fixement. La caméra s'attarde, en gros plans, pour nous permettre de savourer la mobilité d'expression de chaque visage ; puis nous voyons les traits se fixer sur une dernière expression — en nature morte. Ce cliché immobile dans un déroulement d'images produit un effet de choc, transforme en un instant le présent en passé, la vie dans la fixité de la mort. Et l'un des films les plus inquiétants qui se puissent voir, *la Jetée* de Chris Marker (1963), retrace l'histoire d'un homme qui, dans une vision prémonitoire, découvre les circonstances de sa mort — récit présenté sous la forme d'une série d'images fixes.

Le pouvoir de fascination des photographies, qui nous rendent la mort présente, est également comme une invite à la sentimentalité. Le passé photographié devient l'objet d'une attention tendre où, dans l'impression pathétique de regarder les choses du passé, se brouille la distinction des valeurs et s'abolissent les jugements portés sur l'histoire. Un ouvrage récent présente, par ordre alphabétique, les photographies d'un groupe hétéroclite de gens célèbres, prises lorsqu'ils étaient bébés ou jeunes enfants. Staline et Gertrude Stein, se faisant face sur deux pages voisines, ont l'air sérieux l'un et l'autre et gentils à croquer. Rapprochés également sur deux pages, Elvis Presley et Proust enfants ont un air de ressemblance. Hubert Humphrey à trois ans et Aldous Huxley à huit ont une caractéristique commune : les traits de leur tempérament adulte apparaissent déjà nettement sur leur visage. Etant donné nos connaissances sur les personnages célèbres que ces enfants allaient devenir, y compris le plus souvent ce que d'autres photographies nous en ont appris, nous nous intéressons et trouvons du charme à toutes les images du livre. Dans ce cas, ou dans d'autres où se manifeste une sorte d'ironie surréaliste, des instantanés naïfs ou des portraits en studio du type le plus conventionnel produisent un effet particulièrement frappant ; ce genre d'images paraît même plus étrange, plus émouvant, comme prémonitoire.

Renouveler l'intérêt de photographies anciennes en les situant dans un contexte nouveau, tel est l'objet d'une branche très importante de l'industrie du livre. Une photographie est un fragment découpé dans la durée, et ses points d'ancrage se défont avec le passage du temps. Elle dérive, portée par le flux de mémorisations incertaines, pouvant donner lieu à toutes sortes d'interprétations, ou de rapprochements avec d'autres photographies. On peut également considérer une photographie comme une citation. Dans ce sens un album de photographies sera assimilable à un recueil de citations. Dans les ouvrages qu'illustrent des photographies, on a de plus en plus tendance à marquer cette similarité en les faisant suivre de citations appropriées.

Bob Adelman, par exemple, dans *Down Home* (1972), par des prises de vues échelonnées sur une période de cinq années, dépeint un district rural de l'Alabama, un des plus pauvres des Etats-Unis. Dans la ligne de *Let Us Now Praise Famous Men*, dont les modèles, loin d'être des célébrités, étaient simplement des hommes sans nom, l'ouvrage d'Adelman illustre la prédilection constante d'une photographie documentaire pour les misérables. Mais des textes éloquents de James Agee, écrits parfois avec un peu trop de recherche, accompagnaient les photographies de Walker Evans, cherchant à provoquer chez le lecteur un sentiment de compréhension plus profonde à l'égard de ces existences paysannes. Nul ne s'est avisé de prendre la parole au nom des modèles d'Adelman. Son ouvrage, inspiré d'un libéralisme ouvert, ne cherche pas à soutenir un point de vue quel qu'il soit — autrement dit, sa vision se veut totalement neutre et impartiale en face de ses sujets. On pourrait penser que *Down Home* représente une version, réduite à l'échelle d'un district, du projet de Sander visant à établir de façon objective le répertoire photographique de toute une population. Mais ces spécimens prennent eux-mêmes la parole, ce qui leur donne une importance tout autre que celle qu'auraient en elles-mêmes des photographies dépourvues de prétentions. Soulignées ainsi par les déclarations de leurs modèles, ces photographies nous font voir, dans ces habitants du district de Wilcox, des gens contraints de défendre ou de présenter le territoire où ils résident, suggérant par là que leur vie est réellement composée d'une série de poses ou de prises de position.

Wisconsin Death Trip de Michael Lesy (1973) nous offre un autre exemple de construction, à l'aide de photographies, de l'image d'un district rural — mais il s'agit d'un temps passé, des années 1890 à 1910, années de sévère récession et de détresse économique, et la reconstruction du district Jackson est effectuée à l'aide d'un assemblage d'objets trouvés datant de cette période. Il s'agit d'une sélection de clichés de Charles Van Schaick, principal photographe du district, dont quelque trois mille négatifs ont été conservés par les soins de la State Historical Society du Wisconsin, assortie de citations de la même époque, extraites de journaux locaux et des archives de l'hôpital psychiatrique du district, ainsi que d'œuvres littéraires sur cette région du Middle West. Les citations n'ont pas de rapport direct avec les photographies ; mais elles s'y raccordent de façon incertaine, intuitive, de même qu'au moment d'une répétition de John Cage des paroles et des bruits sont adaptés aux figures de danse précédemment réglées par la chorégraphie de Merce Cunningham.

Les sujets que l'on voit photographiés dans *Down Home* sont les auteurs des déclarations que l'on peut lire sur la page correspondante. Paroles de Noirs et de Blancs, de pauvres et de gens aisés, exprimant des opinions opposées, particulièrement à propos des différences de classe ou de race. Or, si les déclarations accompagnant les photographies de l'ouvrage d'Adelman sont contradictoires, les textes choisis par Lesy expriment tous la même perspective cohérente : savoir qu'au tournant du siècle, en Amérique, un nombre étonnant d'individus avaient tendance à aller se pendre dans leur grange, à se débarrasser de leurs enfants en les jetant dans un puits, à se dévêtir en pleine rue, à mettre le feu aux récoltes de leurs voisins, et autres comportements divers, susceptibles de les conduire tout droit à la prison ou à l'asile de fous. A ceux qui estiment que la guerre du Vietnam et les magouilles politiques internes de ces dix dernières années, aux Etats-Unis, sont à l'origine d'un sentiment de déception désabusée, Lesy rétorque que la fin du rêve remonte à la fin du siècle dernier — et que cela s'est produit, non pas dans d'inhumaines communautés urbaines mais dans des agglomérations rurales ; et que, depuis bien longtemps, le pays tout entier est en proie à la folie. A l'évidence, *Wisconsin Death Trip* ne constitue pas une démonstration probante. Son argumentation historique n'a d'autre force que celle d'un collage. Aux clichés troublants de Van Schaick, embellis par le passage du temps, Lesy aurait pu aussi bien accoler d'autres textes de la même époque — souvenirs, lettres d'amour — donnant

89

une tout autre impression, sans doute moins désespérée. L'ouvrage est polémique, il cherche à secouer l'indifférence par son pessimisme à la mode du jour, et il soumet totalement l'histoire au goût particulier de son auteur.

A peu près à la même période que celle où se situe cet ouvrage de Lesy, un certain nombre d'écrivains américains, et Sherwood Anderson entre autres, ont évoqué de façon critique les tristesses de l'existence dans les petites agglomérations. Mais si des ouvrages de photofiction, comme *Wisconsin Death Trip*, sont forcément moins explicites que des romans ou des nouvelles, ils ont une force de persuasion supérieure, car ils ont pour eux l'autorité du document. L'aspect d'authenticité des photographies et des citations est supérieur à celui des longs récits littéraires, car on y découvre un témoignage direct de la réalité. Les seules œuvres que les lecteurs tiennent pour crédibles sont de moins en moins de beaux récits littéraires du genre de ceux d'Agee, mais des notations brutes — des phrases éditées ou fixées sur bandes enregistreuses, des fragments de textes documentaires sans valeur stylistique (comptes rendus de procès, lettres, mémoires, rapports sur des cas de maladie mentale, etc.), des reportages à la première personne, autodépréciatifs et minables, paranoïdes. Tout ce qui revêt un aspect littéraire fait l'objet, en Amérique, d'une suspicion pleine d'aigreur, sans parler d'une réticence croissante, parmi les jeunes générations, à l'égard d'une lecture quelconque, même celle des sous-titres dans les films étrangers, ou les notations sur la pochette d'un disque — ce qui explique, pour une part, le goût manifeste pour les livres de texte court, coupé de photographies nombreuses. Et la photographie elle-même témoigne de plus en plus du prestige de l'élément brut, du mépris de l'arrangement, du goût pour le « sans façon », pour l'indiscipline, pour l' « anti-photographie ».

« Tous ces hommes, toutes ces femmes qu'il a été donné à l'auteur de connaître sont devenus grotesques », écrit Anderson dans sa préface à *Winesburg, Ohio* (1919), qui, à l'origine, devait avoir pour titre *The Book of the Grotesque*. Il poursuit : « Tous ces grotesques n'étaient pas affreux. Certains étaient amusants, d'autres étaient presque charmants... » Le surréalisme est l'art de la généralisation du grotesque, et *par là* de la découverte de nuances et de charmes. La photographie est, parmi toutes les activités, celle qui permet le mieux de cultiver et d'exercer cette manière surréaliste de voir les choses, et nous découvrons en fin de compte une vision surréaliste dans les réalisations photographiques. Nous allons fouiller les greniers, les archives de la ville et celles des conservatoires historiques pour y découvrir des photographies anciennes ; nous redécouvrons les photographes les plus obscurs et les plus oubliés. Nous ne cessons d'accumuler les recueils de photographies — cherchant à prendre la mesure d'un passé disparu (d'où la valorisation des photographes amateurs), ou à tâter le pouls du moment présent. Les photographies fabriquent de l'histoire immédiate, de la sociologie instantanée. Mais cette nouvelle façon d'emballer la réalité a quelque chose de remarquablement anodin. La stratégie surréaliste, voulant offrir un point de vue avantageux et nouveau pour une critique radicale de la culture contemporaine, tourne alors à l'ironie facile, en multipliant et en popularisant tous les témoignages, en voulant faire de l'histoire une accumulation de faits divers. Cette forme de jugement du surréalisme est forcément réactionnaire ; elle ne voit autre chose dans l'histoire qu'un ramassis d'étrangetés, de calembours, un cortège funéraire.

Le goût pour la citation, et pour la juxtaposition de citations incongrues, est un goût surréaliste. Walter Benjamin — le plus parfait exemple d'une sensibilité surréaliste — était un collectionneur passionné de citations. Dans sa magistrale étude consacrée à Benjamin, Hannah

Arendt rappelle que « dans les années trente, il ne se séparait jamais d'un petit carnet à couverture noire, dans lequel il notait, sans jamais se lasser, les paroles et les " perles " qu'il recueillait, sous forme de citations, dans la vie quotidienne ou dans ses lectures. Il lui arrivait d'en lire des extraits à haute voix, les montrant ainsi à son entourage, comme les pièces choisies d'une précieuse collection ». Si collectionner des citations peut passer pour un simple exercice d'imitation ironique — manie apparemment inoffensive —, on aurait tort d'en conclure que Benjamin n'aimait guère le rêve ou se refusait à l'appréhender. Il était en effet profondément convaincu que la réalité elle-même sollicitait — et en même temps justifiait — les motivations insouciantes et inévitablement destructrices du collectionneur. Dans un monde qui est en train de se transformer en un énorme dépotoir, le collectionneur se consacre à une œuvre pie de récupération. Alors que l'histoire moderne a déjà sapé les traditions dans sa course et jeté bas des cadres de vie dans lesquels de précieux objets avaient trouvé place, le collectionneur, avec une conscience tout à fait tranquille, peut désormais affouiller le sol pour en extraire les fragments les plus valables et les plus significatifs.

Tandis que le changement historique se poursuit à un rythme accéléré, le passé lui-même devient le plus surréaliste des sujets — où il est possible de découvrir, selon l'expression de Benjamin, une beauté nouvelle dans tout ce qui va disparaître. Non seulement les photographes se sont attachés, dès les premiers temps, à fixer les formes d'un monde qui disparaissait, mais ils furent utilisés à cet effet par ceux-là mêmes qui s'efforçaient de hâter cette disparition. (En 1842 déjà, Viollet-le-Duc, infatigable restaurateur des trésors de l'architecture française, avait fait établir une série de daguerréotypes de Notre-Dame de Paris avant d'en commencer la restauration.) « Rénover le monde ancien, déclarait Benjamin, tel est le désir le plus profond du collectionneur, qui le pousse sans cesse à acquérir de nouveaux objets. » Mais il est impossible de rénover le monde ancien, et surtout pas en faisant appel à des citations, et c'est pourquoi l'œuvre du photographe revêt un aspect à la fois chimérique et lugubre.

Les idées de Benjamin valent la peine d'être notées, car il était lui-même le plus original et le plus remarquable des critiques en matière de photographie — en dépit, ou peut-être à cause de la contradiction intime entre ses convictions marxistes dans la ligne de Brecht et une sensibilité surréaliste manifeste dans ses notations critiques — et également du fait que le projet idéal poursuivi par Benjamin peut s'interpréter comme la version sublimée des activités du photographe. Ce projet n'était autre que la réalisation d'une œuvre de critique littéraire qui serait entièrement composée de citations, et qui se trouverait ainsi préservée de tout élément purement subjectif. Le refus de toute empathie subjective, le refus dédaigneux de prétendre exprimer un message, la volonté de demeurer invisible — ce sont là des méthodes qu'approuveraient volontiers la plupart des photographes professionnels. Tout au long de l'histoire de la photographie se manifeste une ambivalence traditionnelle au sujet de la possibilité de préciser des options personnelles : on pense que les prises de position vont à l'encontre de l'affirmation constante selon laquelle tous les sujets ont une valeur et un intérêt équivalents. Mais une démarche qui, chez Benjamin, apparaît comme une constante et difficultueuse recherche, et qui a pour but de permettre au passé de retrouver une voix pour qu'il exprime lui-même son insoluble complexité, devient, dans son extension photographique, une fonction décréatrice du passé dans l'acte même de le fixer — création d'une réalité parallèle, où le passé devient présent, mais sous un mode qui souligne sa tragique ou comique irréalité, qui introduit dans son identité spécifique une charge infiniment ironique, transformant le présent en passé et le passé en sa forme immuable.

Le photographe, comme le collectionneur, est mû par une passion qui, lors même qu'elle s'attache apparemment au présent, est reliée aux impressions du passé. Toutefois, tandis que les arts traditionnels, fondés sur le souvenir du passé, recherchent une certaine mise en ordre, établissent des distinctions entre la nouveauté et le rétrograde, entre le fondamental et le marginal, entre ce qui convient et ce qui est hors de propos, ou ce qui simplement est jugé digne d'intérêt, la démarche du photographe, comme celle du collectionneur, n'est pas systématique, et rejette même toute notion de système. La passion avec laquelle un photographe aborde un sujet n'a que peu de rapport avec le contenu ou la valeur de celui-ci, qui permettent de le classer selon un certain ordre. Il s'agit avant tout d'affirmer la présence, l'*être-là* du sujet ; son authenticité (l'authenticité de l'aspect d'un visage, la justesse de l'arrangement d'un groupe d'objets), ce qui correspond à la norme d'authenticité du collectionneur ; sa spécificité, qui en fait quelque chose d'unique. Le regard avidement obstiné du photographe professionnel non seulement se refuse à l'évaluation et au classement traditionnels des sujets, mais cherche constamment à les éprouver, à les remettre en cause. C'est ainsi que son approche d'un sujet à reproduire est beaucoup moins hasardeuse et aléatoire qu'on ne le prétend d'ordinaire.

En principe, la photographie reste fidèle à une règle impérative formulée par le surréalisme et selon laquelle le réalisateur doit garder devant un sujet quelconque la même attitude de froideur objective. (Tout est « réel ».) En fait, l'art photographique — comme en général le goût surréaliste — manifeste un penchant invétéré pour la pacotille, pour ce qui accroche ou choque le regard, les choses au rebut, les surfaces qui s'écaillent, les objets bizarres, le kitsch. Ainsi Atget s'est fait une spécialité de la reproduction de véhicules de carton-pâte, de vitrines d'exposition d'aspect criard ou fantastique, d'enseignes ou de carrousels tapageurs, de portiques surchargés d'ornements, de heurtoirs curieusement ouvrés et de grilles de fer forgé, d'ornements en stuc sur des façades de maisons délabrées. Le photographe — ou l'amateur de photographies — se comporte dans sa recherche comme le ferrailleur, que Baudelaire aimait comparer au poète moderne :

> Tout ce que la grande ville rejette, tout ce qui est perdu, méprisé, foulé aux pieds, il le recense et le recueille... Il trie et fait un choix avisé, il amasse, comme un miséreux recueille un trésor, des déchets qui prendront la forme d'objets utiles ou agréables à la vue entre les mâchoires de la déesse Industrie.

Vus par le viseur de la caméra, les sombres bâtiments d'usines et les avenues bordées de panneaux publicitaires ne sont pas moins beaux que les églises ou les paysages de campagne. Selon le goût moderne, ils sont même plus beaux. Souvenons-nous que Breton et d'autres artistes surréalistes ont fait des magasins d'occasions des temples du goût d'avant-garde et lancé la mode des pèlerinages esthétiques au Marché aux puces. Le regard aigu du ferrailleur surréaliste s'exerce à trouver belles ces choses que d'autres jugeront affreuses ou dépourvues d'intérêt et d'utilité — le bric-à-brac, les objets d'art naïf ou pop, les débris urbains.

De même que la composition de certains romans, de certains tableaux, ou de films faits de citations — pensons à Borgès, à Kitaj, à Godard — nous offre des exemples typiques du goût surréaliste, de même la pratique, de plus en plus répandue, de décorer de photographies les murs des salons et des chambres à coucher, au lieu des reproductions de tableaux qui y figuraient précédemment, témoigne de la très large diffusion du goût surréaliste. En effet, les photographies, objets bon marché répandus partout, relativement peu attrayants, satisfont à de nombreux critères du goût surréaliste. Alors qu'on commande ou qu'on achète un tableau, on découvre des photographies dans un album ou un tiroir, on les découpe dans un journal ou un magazine, on peut très aisément les réaliser soi-même. Et ces photos-objets, non seulement sont partout répandues, ce qui ne saurait être le cas pour des tableaux, mais leur qualité esthétique est, en un certain sens, indestructible. A Milan aujourd'hui, *la Cène* de Léonard de Vinci n'a pas très belle apparence ; c'est un spectacle terrible. Les photographies, même si elles sont ternies, maculées, craquelées, effacées, gardent leur attrait, souvent en paraissent plus plaisantes. Sous cet aspect, comme en quelques autres, l'art photographique offre de fortes ressemblances avec l'architecture, dont l'inexorable passage du temps vient rehausser les réalisations. Outre notamment le Parthénon, nombreux sont les ouvrages qui semblent plus dignes d'admiration quand ils sont réduits à l'état de ruines.

Ce qui vaut pour le monde que nous présentent les photographies vaut également pour les photographies en tant que telles. La beauté des ruines, qui avait été découverte par les milieux cultivés du XVIIIe siècle, s'est répandue au niveau du goût populaire grâce à la photographie. Et cette impression de beauté s'étend bien au-delà des ruines qu'appréciaient les romantiques, jusqu'à ces superbes images de décrépitude que photographiait Laughlin, et jusqu'aux ruines de nos temps modernes — la réalité même. Le photographe, qu'il le veuille ou non, est engagé dans une entreprise dont le but est de faire des objets qui datent avec la réalité, alors que les photographies sont devenues, à chaque instant, des images anciennes. Contrepartie du style romantique en architecture, la photographie a une préférence marquée pour les ruines artificielles : ces ruines qui sont placées dans un paysage en vue d'en accentuer le caractère historique, dont on se sert pour que la nature ait un pouvoir d'évocation — d'évocation du passé.

La forme contingente des photographies souligne le caractère périssable de toutes choses ; parce qu'elle est arbitraire, la photographie témoigne que la réalité est fondamentalement rebelle à tout classement. Un rapport à la réalité, à la fois plein de joie exaltante et de détachement hautain, point de ralliement du surréalisme, est illustré par la démarche du photographe qui implique que tout est réel et que le réel ne saurait suffire. En proclamant son refus de se satisfaire de la réalité, le surréalisme se situe lui-même dans un contexte d'aliénation, attitude qui s'est généralisée dans les régions du monde industrialisées, pourvues d'institutions stables, où l'appareil photographique est très largement utilisé. Et pour quelle autre raison jugerait-on que la réalité est insuffisante, qu'elle est plate, désordonnée, peu compatible avec la logique ? Un sentiment d'insatisfaction devant les réalités s'exprimait autrefois sous la forme d'une aspiration vers un au-delà du monde. Dans la société moderne il se traduit par une perpétuelle et violente hantise de reproduire les formes du monde d'ici-bas. Comme si le réel ne devenait réalité — c'est-à-dire sur-réel — qu'au moment où on le regarde dans sa forme d'objet fabriqué : l'aspect « fixé » de la photographie.

La photographie conduit inévitablement à adopter une certaine attitude de condescendance à l'égard des réalités. Nous voyons alors le monde « extérieur » simplement « dans » son image photographique. Nos cerveaux en arrivent ainsi à ressembler à ces boîtes magiques que Joseph Cornell remplissait de petits objets disparates, en provenance de la France, pays où il n'avait jamais mis les pieds. Ou encore à ce précieux trésor d'images fixes d'anciens films, dont Cornell faisait collection dans le même état d'esprit surréaliste : nostalgiques reliques, évocatrices des films qu'il avait pu voir, ou sentiment de s'être ainsi emparé de la beauté des acteurs. Mais il ne saurait y avoir qu'un rapport trompeur entre un film et un découpage immobile. On ne cite pas une image d'un film comme on cite un passage d'un livre. Le lecteur est seul juge du temps qu'il accorde à la lecture d'un livre. Dans un film, le temps de la vision a été réglé par le réalisateur, et les images sont perçues selon le rythme, lent ou rapide, fixé par le tournage. Ainsi la forme expressive d'une image, qui permet au regard de s'attarder autant qu'il le désire, diffère-t-elle totalement de celle d'un film ; et une série de photographies qui immobilisent des instants de l'existence d'une société en donne une image tout à fait contraire de celle de la forme réelle — le processus mobile dans la durée. Il existe, entre le monde réel et le monde photographié, ce même type de rapport essentiellement inadéquat que l'on constate entre des images fixes, et des images mobiles. Remarquer un détail significatif, prendre un instantané, le fixer définitivement sur le papier, c'est faire de la photographie, ce n'est pas saisir la vie.

L'attrait des photographies, l'emprise qu'elles exercent sur nous, proviennent du fait qu'elles nous apportent à la fois une relation de « connaisseur » avec les aspects du monde et une tolérable promiscuité *avec* ce monde. Le développement, à l'époque moderne, d'une rébellion contre les normes de l'esthétique traditionnelle fait que le rapport de connaissance se rattache très fortement à une promotion du goût « kitsch ». Bien que certaines photographies, par leurs qualités intrinsèques, aient tout le sérieux et toute la saveur de véritables œuvres d'art, la prolifération des photographies est devenue finalement une manifestation frappante de l'extension de cette forme de goût. La perception visuelle des photographies, dans son extrême mobilité, frappe le regard du spectateur, lui procurant une fausse impression d'ubiquité, le sentiment foncièrement décevant d'une maîtrise de l'expérience. Les surréalistes, qui se veulent extrémistes, voire révolutionnaires, en matière de culture, ont souvent éprouvé le sentiment illusoire (mais il était accompagné de louables intentions) qu'ils étaient ou devaient eux-mêmes être des marxistes. Mais l'esthétique surréaliste était trop profondément imprégnée d'ironie, elle était incompatible avec la fascination de la plus moralisatrice des doctrines du siècle. Marx reprochait à la philosophie de vouloir se borner à comprendre le monde au lieu de s'efforcer de le changer. Les photographes, en poursuivant leur entreprise selon les normes de la sensibilité surréaliste, nous indiquent qu'il serait vain même d'essayer de comprendre le monde, et nous proposent en échange d'en collectionner les images.

4. L'héroïsme de la vision

Personne n'a pu découvrir la laideur en regardant les photographies ; mais beaucoup y ont découvert la beauté. Si l'on met à part les situations où l'appareil photographique est utilisé d'une façon documentaire ou pour se conformer à un rite social, c'est le fait que nous trouvons une chose belle qui nous incite à effectuer une prise de vue. (En 1841, Fox Talbot avait fait breveter son invention sous le nom de « calotype », du mot grec *kalos* : beau.) On n'entend personne s'écrier : « Que c'est laid ! Je vais faire une photo. » Ou, si l'on entendait une phrase de ce genre, cela signifierait : « Cette chose affreuse... moi, je la trouve belle. »

On entend ceux qui ont vu quelque chose de beau exprimer le regret de n'avoir pu le photographier. La caméra a si bien réussi à faire que le monde nous paraît beau que nous jugeons de la beauté par les photographies plutôt que par les aspects du monde. Des maîtres de maison fiers de leur résidence en montreront des photographies à leurs visiteurs, afin d'en faire apprécier la beauté. C'est par des photographies que nous apprenons à connaître nos traits : trouver de l'attrait à quelqu'un, c'est précisément estimer qu'il a un visage photogénique. Les photographies créent l'apparence du beau — et, à travers des séries de prises de vues, vont la dégrader. Certaines merveilles de la nature, par exemple, sont presque totalement abandonnées à l'infatigable empressement des novices de l'appareil photographique. Gavés d'images, nous avons tendance à trouver les couchers de soleil surfaits : ils ressemblent trop, désormais, à des clichés. Nombreux sont ceux qui s'inquiètent quand on veut les photographier : ils ne redoutent pas comme les primitifs quelque viol de leur personnalité, mais ils craignent que leur image ne se présente sous un jour défavorable. Ils veulent une image idéaliste, un cliché qui les montre sous leur meilleur aspect. Ils éprouvent un sentiment de frustration quand la vue qui leur est présentée n'est pas plus attrayante que leur véritable apparence. Mais peu nombreux sont ceux qui ont la chance d'être « photogéniques » — c'est-à-dire de paraître beaucoup plus à leur avantage sur un cliché (même dans des conditions d'éclairage peu flatteuses) que dans la vie réelle. On entend fréquemment louer l' « innocence », l' « authenticité » de certaines photographies : c'est la preuve que la plupart sont dépourvues de ces qualités. Vers 1845, dix années après que le procédé de passage du négatif au positif eut commencé de remplacer le daguerréotype — premier processus utilisable —, un photographe allemand découvrit le moyen de retoucher les négatifs. Il exécuta deux versions d'un même portrait — l'une retouchée, l'autre naturelle — et celles-ci étonnèrent la foule lors de la Foire universelle de Paris en 1855 — deuxième manifestation commerciale de ce type, et la première qui comportât une exposition de photographies. Lorsque l'on apprit que l'appareil pouvait « mentir », la photographie devint aussitôt beaucoup plus populaire.

Les conséquences de ce « mensonge » sont d'une tout autre importance qu'en peinture, car, contrairement aux tableaux, les images de la photographie, plates et habituellement rectangulaires, ont la prétention d'être parfaitement véridiques. Un faux tableau — œuvre dont l'attribution à un auteur déterminé est erronée — fausse l'histoire de l'art. Une photographie falsifiée — qui a été retouchée, trafiquée, ou qui porte une légende inexacte — fausse la réalité. L'histoire de la photographie témoigne depuis toujours qu'il y a confrontation entre deux impératifs contradictoires : la révélation de la beauté, valeur idéale de l'art, et celle de la vérité, valeur reconnue par la science en même temps qu'idéal éthique de l'expression du vrai, qui se réfère à des modèles littéraires du XIXᵉ siècle et aux exigences morales de la profession de journaliste indépendant, profession qui date de la même période. Comme le reporter et le romancier de l'époque post-romantique, le photographe allait, pensait-on, assumer la charge de démasquer l'hypocrisie et de combattre l'ignorance. La peinture était, quant à elle, incapable de s'en acquitter en raison de la lenteur et de la complexité de ses pratiques, quel que fût le désir de nombreux peintres du XIXᵉ siècle de demeurer fidèles au précepte de Millet : *le beau c'est le vrai*. De subtils observateurs faisaient remarquer que la photographie exprimait en quelque sorte la vérité à l'état brut, lors même que le réalisateur ne l'avait nullement recherchée. Dans le roman de Hawthorne, *The House of the Seven Gables* (La maison aux sept pignons) (1851), l'auteur a mis dans la bouche d'un jeune photographe, Holgrave, cette remarque sur le portrait daguerréotype : « Tandis que nous pensons qu'il ne saurait dépeindre que l'apparence extérieure, il révèle en fait le caractère secret avec une vérité qu'aucun peintre ne saurait atteindre, à supposer qu'il soit capable de la déceler. »

Libérés, par la rapidité même de l'opération, de la nécessité qui s'impose aux peintres de choisir un petit nombre d'images valant à peine d'être contemplées, les photographes regardent d'une manière fort différente : comme si, exercée avec suffisamment d'obstination et d'avidité, leur vision était à même de concilier l'exigence de la vérité avec le besoin de découvrir un monde de beauté. Autrefois objet d'étonnement pour son aptitude à rendre fidèlement l'aspect du réel, en même temps que méprisé pour cette fidélité servile, l'appareil photographique a finalement entraîné un extraordinaire renforcement de la valeur des apparences. Des apparences telles que l'objectif les a fixées. Les photographies ne se contentent pas de nous apporter une vision réaliste des réalités. C'est la réalité même que nous évaluons, que nous scrutons pour découvrir dans quelle mesure elle est conforme à ses photographies. Emile Zola, le plus zélé défenseur du réalisme en littérature, déclarait en 1901, après avoir pendant quinze ans pratiqué la photographie en amateur : « On ne peut prétendre avoir vu réellement quelque chose avant de l'avoir photographié. » Au lieu de fixer simplement la réalité, les photographies sont désormais à nos yeux le mode habituel de l'apparition des choses ; modifiant ainsi la notion même de réalité et celle de réalisme.

Les premiers photographes parlaient de leur appareil comme s'il s'agissait d'une machine à copier : comme si, pendant son fonctionnement, il était capable de visualiser. L'invention de la photographie était saluée comme un moyen adéquat pour alléger la lourde tâche d'accumuler des informations et de recueillir des impressions sensorielles. Dans son ouvrage, illustré de photographies, *The Pencil of Nature* (1844-1846), Fox Talbot raconte que l'idée de faire des prises de vues lui vint en 1833, au cours du voyage en Italie que, comme tout Anglais fortuné, il s'était senti tenu d'accomplir. Tandis qu'il traçait des esquisses de paysages du lac de Côme, il s'aidait pour ces dessins d'une chambre noire qui projetait l'image sans la fixer, et il réfléchissait, nous dit-il, « à l'inimitable beauté des tableaux naturels, projetés sur le papier par les lentilles de verre de l'appareil », et il se demandait « s'il n'était pas possible de voir ces images naturelles s'imprimer d'une façon durable ». La chambre noire était ainsi apparue à Fox Talbot comme un moyen nouveau de noter des impressions dont l'attrait tenait à leur impersonnalité : il permettait de saisir une « image naturelle », c'est-à-dire une image se formant « sous la seule action de la lumière, sans aucune aide du crayon de l'artiste ». Le photographe devait être un observateur perspicace, mais qui n'avait pas à intervenir — un scribe, non un poète. Mais on n'allait pas tarder à découvrir que chacun saisissait du même objet une image différente, et l'idée que la chambre noire donne une image objective et impersonnelle devait le céder à l'évidence que les photographies représentent non seulement ce qui est là mais ce que quelqu'un voit, pas simplement un moyen de fixer le monde, mais de l'estimer et de le valoriser [1]. Il était devenu évident qu'il s'agissait d'autre chose encore que d'une activité, simple et cohérente, dénommée vision, enregistrée à l'aide d'appareils appropriés, mais de la « vision photographique » — une façon nouvelle de voir les choses et une forme d'activité toute nouvelle à poursuivre.

En 1841, un Français équipé d'un appareil à daguerréotypes parcourait déjà le Pacifique ; et, au cours de la même année, paraissait à Paris le premier volume des *Excursions daguerriennes : Vues et monuments les plus remarquables du globe.* Les années 1850 furent une grande période d'orientalisme photographique : Maxime Du Camp, en compagnie de Flaubert, effectuant de 1849 à 1851 un grand périple à travers le Moyen-Orient, cherche seulement à réaliser des prises de vues de curiosités no-

---

1. L'assimilation restrictive de la photographie à la vision impersonnelle continuait certes de compter des partisans. On estimait, dans les milieux surréalistes, que la photographie était libératrice dans la mesure où elle permettait de transcender la simple expression personnelle. Au début d'un essai sur Max Ernst, écrit en 1920, André Breton qualifiait l'écriture automatique de « véritable photographie de la pensée » ; l'appareil photo étant considéré comme « un instrument aveugle, dont la supériorité dans l'imitation des apparences a porté un coup mortel aux modes d'expression anciens, en peinture comme en poésie ». Dans le camp esthétique adverse, les théoriciens du Bauhaus adoptaient une position assez similaire, et considéraient la photographie comme une branche du dessin industriel, comparable à l'architecture — inventive mais impersonnelle, n'ayant pas à se soucier de ces problèmes de détail que constituent la surface de la toile, le maniement individuel du pinceau. Dans son ouvrage, *Painting, Photography, Film* (1925), Moholy-Nagy fait l'éloge de l'appareil photographique qui impose « une hygiène de l'optique », et qui se montre capable « d'abolir cette structuration picturale et imaginative que de grands peintres ont imposée à notre vision ».

toires comme les colosses d'Abou Simbel ou le temple de Baalbek ; il négligea la vie quotidienne des fellahs. Des touristes, munis de leurs appareils, n'allaient cependant pas tarder à s'intéresser à des domaines beaucoup plus variés que celui que leur offraient sites et monuments célèbres. La vision photographique se distingue par une aptitude singulière à découvrir de la beauté dans tout ce que l'on peut apercevoir mais que l'on néglige comme offrant un aspect trop ordinaire. Les photographes ne devaient pas se contenter de voir le monde tel qu'il est, avec ses merveilles déjà reconnues et célébrées : il leur fallait, par leurs propres choix visuels, créer de nouveaux centres d'intérêt.

Depuis l'invention de l'appareil photographique, un type d'héroïsme très particulier existe dans le monde : l'héroïsme de la vision. La photographie a donné naissance à un nouveau type d'activité de francs-tireurs, offrant à chacun la possibilité d'affirmer une forme de sensibilité aussi avide que spécifiquement singulière. Les photographes, engagés en d'aventureux safaris, culturels, sociaux, scientifiques, partirent à la poursuite des images chocs. Et c'est le monde entier qu'ils entendaient piéger, à force de patience, dans les conditions les plus hasardeuses, par les modalités d'une vision active, âpre, sélective, arbitrairement gratuite. Alfred Stieglitz explique avec fierté que, le 22 février 1893, il était resté pendant trois heures, sous un rude blizzard, à attendre « le moment favorable » pour prendre son cliché célèbre, « Fifth Avenue : Winter » (L'hiver sur la Cinquième Avenue). Le moment favorable, c'est celui où les choses, particulièrement celles que chacun a déjà pu voir, prennent un aspect nouveau. Cette activité de chasseur d'images est devenue, au regard de l'imagination populaire, le trait distinctif du photographe de métier. Dans les années 1920, le photographe était considéré comme une sorte de héros moderne, au même titre que l'aviateur ou l'anthropologue — et les journaux à grands tirages invitaient leurs lecteurs « à suivre notre photographe » dans ses « voyages de découverte », à travers de nouveaux domaines, comme ceux « du monde en vues aériennes », « le monde de l'infiniment petit », « les splendeurs du quotidien », « les miracles de la lumière », « la beauté des machines », « les tableaux de la rue ».

Ou une présentation idéalisante de la vie quotidienne, et ces formes de beauté que seul l'appareil photographique peut permettre de saisir — ou bien les aspects d'une réalité matérielle que l'œil est incapable de voir ou de séparer d'un ensemble ; ou encore la vue surplombante, comme du haut d'un avion —, tels sont les principaux objectifs de cette conquête entreprise par les photographes. Les gros plans furent d'abord considérés comme le mode de vision photographique le plus original. Les photographes découvraient qu'à mesure qu'ils fouillaient et éclairaient de plus près les réalités, des formes superbes se révélaient. Fox Talbot, un homme plein de ressources et d'ingéniosité, ne s'était pas contenté, au début des années 1840, de composer des photographies sur des modèles empruntés à la peinture — le portrait, les scènes d'intérieur, le paysage urbain, les natures mortes — ; il promenait l'objectif de son appareil sur un coquillage, sur les ailes d'un papillon, agrandies par la lentille d'un microscope, sur telle ou telle partie d'une double rangée de livres dans son bureau. Mais on identifie encore, dans ces sujets, le coquillage, les ailes du papillon, des livres. Lorsque furent transgressées un peu davantage les normes de la vision — lorsque l'objet, isolé de son environnement, ne fut plus qu'une forme abstraite —, de nouvelles définitions de la beauté s'imposèrent. Le beau fut alors simplement assimilé à tout ce que l'œil est incapable de distinguer : la vision isolante, dislocatrice, que seul peut procurer l'appareil photographique.

En 1915, Paul Strand réalisa une photographie qu'il dénomma « Abstract Patterns Made by Bowls » (Bols dessinant des formes abstraites). En 1917, Strand s'attachait à saisir en gros plans des pièces de machines et, au cours des années 1920, il photographia de très près des motifs naturels. Cette nouvelle méthode — particulièrement florissante pendant la période des années 1920 à 1935 — semblait promettre d'innombrables plaisirs visuels. Elle permettait d'obtenir des effets surprenants, aussi bien à partir d'objets familiers, que de nus — sujets qu'on aurait pu croire épuisés par la peinture — ou que de minuscules fragments de la nature. On pouvait penser que la photographie découvrait là sa plus remarquable fonction, passerelle ou lieu de rencontre entre l'art et la science ; et dans l'ouvrage de Moholy-Nagy, *Von Material zur Architektur*, publié par le Bauhaus en 1928 et traduit en anglais sous le titre *The New Vision*, l'auteur invitait les peintres à s'inspirer des beautés révélées par la microphotographie et par les vues aériennes. La même année paraissait un des premiers best-sellers de la photographie, l'ouvrage d'Albert Renger-Patzsch intitulé *Die Welt ist schön* (Le monde est beau), composé de cent prises de vues, la plupart en plans rapprochés, avec des motifs allant de la feuille de coloquinte à celui de la main d'un potier. Jamais la peinture ne s'était proposé avec une telle hardiesse d'apporter la preuve que le monde est beau.

Il semble que les propriétés d'une vision abstraite — que certaines œuvres de Strand, aussi bien que d'Edward Weston et Minor White, représentaient avec éclat dans la période de l'entre-deux-guerres — n'aient été reconnues qu'à la suite des recherches et découvertes des peintres et des sculpteurs modernistes. Strand et Weston, qui reconnaissaient l'un et l'autre que leur façon de voir s'apparentait à celle de Kandinsky et de Brancusi, étaient sans doute séduits par l'âpreté rude du style cubiste, contrastant avec la mollesse de contours des images de Stieglitz. Il n'en est pas moins certain que les influences étaient réciproques et jouaient dans les deux sens. En 1909, Stieglitz notait, dans son magazine, *Camera Work*, que l'influence exercée par la photographie sur la peinture est indiscutable, bien qu'il se contente de faire mention des impressionnistes — dont les formes « aux contours estompés » inspiraient son style personnel[1]. Et, dans *The New Vision*, Moholy-Nagy indique fort justement que « le cubisme a été directement ou indirectement influencé par la technique et les motivations de la photographie ». Mais quels que fussent les influences, les emprunts et pillages réciproques auxquels se livrèrent les peintres et les photographes à partir des années 1840, leurs techniques n'en demeurent pas moins fondamentalement différentes. Le peintre construit, le photographe révèle. C'est-à-dire que, dans l'impression que nous recevons d'une photographie, l'identification du sujet reste toujours l'élément dominant, ce qui n'est pas forcément le cas lorsque nous examinons un tableau. Le motif d'un cliché de Weston de 1931, « La feuille de chou », ressemble à un drapé de tissu et seul le titre nous permet de l'identifier. L'image nous touche ainsi de deux façons. La forme est fort agréable, et (surprise !) c'est la forme de la feuille de chou. Elle paraîtrait moins belle s'il s'agissait d'un simple morceau de tissu. Par les œuvres d'art, nous connaissons déjà ce genre de beauté. Les qualités formelles de style, d'un intérêt capital en peinture, sont tout au plus d'une importance secondaire en photographie, tandis que le motif y revêt toujours une importance primordiale. Tout dépend,

1. Tous les spécialistes en histoire de l'art reconnaissent la très large influence exercée par la photographie sur les peintres impressionnistes. Et il ne paraît nullement exagéré de dire, comme le fait Stieglitz, que « les peintres impressionnistes pratiquent un style de composition qui est purement photographique ». La traduction des réalités sous la forme d'un assemblage de surfaces sombres et lumineuses, la mise en valeur, libre ou arbitraire, de l'image par la photographie, cette sorte d'indifférence que manifestent les photographes à rendre la perspective intelligible, et notamment les arrière-plans — tels furent les divers éléments dont s'inspirèrent les peintres impressionnistes dans leurs recherches scientifiques sur les propriétés de la lumière, dans leurs expériences de perspectives plates, de recherches d'angles singuliers et de formes décentrées, tranchées net aux limites de la toile. (« Ils peignent la vie avec des bribes et des fragments », faisait observer Stieglitz en 1909.) Rappelons un détail historique : ce fut dans le studio de photographie de Nadar, à Paris, sur le boulevard des Capucines, que se tint en avril 1874 la première exposition réunissant des impressionnistes.

en photographie, du fait que chaque prise de vue représente un morceau du monde réel ; et cela signifie qu'avant de savoir ce que nous devons penser d'une photographie — l'image étant toujours visuellement équivoque, vue de trop près ou de trop loin —, nous devons être informés de la nature de ce morceau du monde que nous avons ainsi sous nos yeux. Nous nous intéressons beaucoup plus à cette chose qui offre l'aspect d'une petite couronne, sur un célèbre cliché pris par Harold Egerton en 1936 — quand nous découvrons qu'il s'agit simplement d'une tache de lait.

La photographie est généralement considérée comme un moyen de connaissance des choses. Lorsque Thoreau déclarait : « On ne saurait dire plus qu'on ne peut voir », il tenait pour acquis le rôle primordial de la vue parmi tous les sens. Mais au moment où, à une distance de quelques générations, Paul Strand reprend cette formule de Thoreau pour faire l'éloge de la photographie, la résonance est tout autre. Non seulement l'appareil photographique amplifie nos possibilités de vision, grâce à la microphotographie et au téléobjectif, mais il modifie même notre façon de voir, en présentant la vision comme un but en soi. Thoreau vivait dans un monde qui était encore polysensuel, bien que l'observation ait déjà commencé d'y acquérir l'importance d'une obligation morale. Il parlait d'une vue qui n'était pas coupée de l'exercice des autres sens ; et de la vision dans un certain contexte — ce qu'il dénommait la Nature —, c'est-à-dire une vision inséparable de certaines idées concernant ce qu'il estimait valoir la peine d'être vu. Lorsque Strand cite Thoreau, il considère le système sensoriel d'un point de vue tout différent : il se réfère à l'exercice didactique de la perception — en rejetant toute idée préconçue sur les choses qu'il vaut la peine de voir —, attitude qui est celle de tous les mouvements d'avant-garde.

C'est la peinture qui a été le plus fortement influencée par cette attitude, alors que les photographes avaient cherché dès le départ à la supplanter, à la plagier en lui empruntant ses thèmes avec un enthousiasme exempt de scrupules, et que ces deux disciplines coexistent désormais en rivalisant d'activité. Selon une opinion largement répandue, la photographie se serait simplement chargée d'une des tâches dont s'acquittait la peinture : produire des images qui rendent véridiquement compte des formes de la réalité. « Les peintres devraient nous en être profondément reconnaissants », affirmait Weston qui, comme de nombreux photographes qui l'ont précédé ou suivi, pensait que cette usurpation devait en fait libérer la peinture. En assumant la tâche d'une reproduction réaliste, dont cette dernière avait précédemment le monopole, la photographie lui permettait de se consacrer librement à sa vocation par excellence — l'abstraction. Mais l'impact réel de la photographie sur la peinture était loin d'être aussi clairement délimité. Car, au moment même où la photographie entrait en scène, la peinture avait déjà commencé de se détacher d'un mode de représentation réaliste — Turner était né en 1775, Fox Talbot en 1800 —, et le territoire dont la photographie venait de s'emparer avec un succès aussi rapide que complet allait, selon toute probabilité, se trouver délaissé. (L'instabilité d'une peinture strictement représentative au XIX° siècle apparaît très clairement dans la conception évolutive du portrait, qui se fondait de plus en plus sur les normes artistiques d'un tableau plutôt que sur celles de la fidèle représentation des modèles — et qui cessait même d'intéresser les peintres de très grand talent, à l'exception de quelques notables exceptions récentes, comme celles de Françis Bacon ou de Warhol, qui se sont très largement inspirés d'une imagerie photographique.)

On omet généralement de mentionner un autre aspect fort important de ces rapports entre la photographie et la peinture, et qui résulte d'un élargissement très rapide des limites du nouveau territoire que la photographie venait de s'approprier, car certains photographes refusaient de se satisfaire de ces triomphes d'un réalisme pur que les peintres n'étaient pas en mesure de leur disputer.

Ainsi, tandis que l'un des deux célèbres inventeurs de la photographie, Daguerre, n'imaginait pas qu'il fût possible de s'écarter des normes de la peinture réaliste, l'autre, Fox Talbot, saisissait immédiatement que l'objectif de son appareil avait la propriété d'isoler des formes qui échappent normalement à la vue et que la peinture n'avait jamais révélées. Des photographes rejoignaient peu à peu tous ceux qui s'efforçaient d'obtenir des images plus abstraites et affichaient des doutes qui rappelaient ceux des peintres modernistes refusant toute valeur artistique à des reproductions trop exactement fidèles. Une revanche de la peinture en quelque sorte. Le nombre des photographes professionnels qui prétendent faire tout autre chose que fixer les contours de la réalité est un clair indice de ce choc en retour des influences picturales sur la photographie. Toutefois, si de nombreux photographes ont exprimé, sur la valeur intrinsèque d'une perception subjective et sur la faible et relative importance du sujet lui-même, des opinions assez semblables à celles qui sont soutenues par une peinture d'avant-garde depuis plus d'un siècle, l'application de ces préceptes à leurs travaux n'a pas comporté de conséquences comparables à celles que l'on observe en peinture.. En effet, une photographie ne saurait avoir, comme un tableau, une valeur qui transcende totalement celle de son sujet. Et la photographie ne saurait avoir la prétention de transcender l'apparence visuelle elle-même, ce qui est en quelque sorte l'objectif ultime de la peinture d'avant-garde.

Une forme caractéristique du modernisme en photographie ne se retrouve pas dans la peinture — bien qu'à l'époque de la conquête ou de la libération par la photographie la situation fût très différente de ce qu'elle est aujourd'hui. Si l'on néglige certains phénomènes marginaux comme le super-réalisme, résurgence du photo-réalisme, dont les partisans, non contents d'imiter la représentation photographique, voudraient démontrer que la peinture permet d'obtenir une illusion véridique plus frappante, la suspicion et la remise en question de ce que Duchamp appelait la vision purement rétinienne est encore la tendance largement dominante en peinture. L'objectif idéal de la photographie : nous apprendre, comme le déclarait Moholy-Nagy, à exercer « une vision intensive » — semble plus proche de celui d'une poésie moderne que des recherches purement picturales. Tandis que l'on voit la peinture devenir de plus en plus conceptuelle, la poésie — depuis Apollinaire, Eliot, Pound et William Carlos Williams — a de plus en plus tendance à se préoccuper de la visualisation. (« Il n'y a d'autre vérité que celle des choses », déclarait Williams.) L'affirmation du caractère concret et de l'autonomie du langage poétique s'est développée en parallèle avec la pure visualisation des images photographiques. Elles impliquent l'une et l'autre la discontinuité, la pratique d'une désarticulation des formes, suivie d'une reconstitution unitaire : arracher les objets à leur contexte et les assembler de façon elliptique, selon les exigences impérieuses et souvent arbitraires de la subjectivité.

Tandis que la plupart des amateurs de prises de vues se conforment docilement aux idées reçues en matière de beauté, les professionnels de talent ont habituellement l'ambition de les remettre en cause. Si l'on en croit les héros du modernisme, comme Weston, le photographe est engagé dans une aventure élitiste, prophétique, subversive et révélatrice. Les photographes se devaient d'accomplir une mission de purification des sens qui avait été définie par Blake, et Weston définissait en ces termes l'œuvre qu'il se proposait de réaliser : « Révéler à d'autres le monde vivant qui les entoure, leur montrer ce que leur regard aveugle n'avait pu saisir. »

La photographie est-elle un art ? Weston, aussi bien que Strand, assurait que cette question n'offrait à ses yeux aucun intérêt ; mais ses exigences à l'égard de sa pratique étaient en tout point conforme à la définition

111

romantique de l'artiste. Au cours de la seconde décennie de ce siècle, certains photographes affirmèrent leur confiance dans les conceptions d'un art d'avant-garde : armés de leurs appareils, ils menèrent un rude combat contre la sensibilité conformiste, s'efforcèrent de répondre au mot d'ordre lancé par Pound : « Faire nouveau. » « C'est la photographie, et non pas une peinture molle et sans nerf, déclarait Weston, d'un ton de dédain viril, qui est équipée du meilleur instrument de forage dans l'esprit de notre temps. » De 1930 à 1932, les *Day-books* ou carnets quotidiens de Weston sont remplis de notes ferventes et prémonitoires concernant de toutes proches novations et un traitement de choc que les photographes étaient en train de nous administrer. « Les normes vieillies croulent de toutes parts, et la vision précise, intransigeante de la caméra est déjà et sera de plus en plus une force mondiale de valorisation de la vie. »

Cette conception d'une photographie activement militante a de nombreux points communs avec le vitalisme héroïque des années 1920, popularisé par D.H. Lawrence : affirmation valorisante de la sensualité, violente critique de l'hypocrisie de la sexualité bourgeoise, défense de l'égotisme de la personnalité au service d'une vocation spirituelle, appels virils à une union avec les forces de la nature. (Weston voit dans la photographie « la voie d'un accomplissement personnel, un moyen de se connaître et de s'identifier à toutes les manifestations des formes de base — avec la nature, l'origine ».) Toutefois, tandis que Lawrence entendait restaurer la perception sensorielle dans son intégralité, le photographe — lors même qu'il est animé, comme Weston, d'une passion similaire — doit nécessairement affirmer la prééminence d'un seul sens : celui de la vue. Et, contrairement à ce que prétend Weston, la pratique habituelle de la vision photographique — où l'on voit la réalité sous la forme d'un assemblage de clichés potentiels —, loin de promouvoir une union avec la nature, conduit à une sorte de détachement.

A bien considérer ses exigences, la vision photographique apparaît comme une recherche de dissociation des ensembles, pratique dont la subjectivité est accentuée par les différences objectives existant entre la définition de la perspective par la lentille de l'appareil et celle qui est perçue normalement par le regard. Au temps des premières prises de vue, ces différences avaient vivement suscité l'attention du public. Mais, dès que cette nouvelle façon de percevoir eut imposé par l'image son mode de visualisation, il ne fut plus question de la « distorsion photographique », ainsi qu'on l'avait tout d'abord qualifiée. (De nos jours, comme le remarque William Ivins Jr., on s'efforce de faire ressortir cette distorsion.) Ainsi, une des méthodes que la photographie a pratiquées avec un succès constant fut de donner à des êtres vivants l'apparence des choses, et aux choses l'aspect des êtres vivants. Les grains de poivre photographiés par Weston en 1929 et 1930 ont des formes voluptueuses que l'on retrouve rarement dans les nus féminins que nous connaissons de lui. Le photographe a cherché à mettre en valeur la qualité des formes dans les nus comme dans les grains de poivre — mais tandis que, de façon caractéristique, les corps apparaissent repliés sur eux-mêmes, les extrémités sont invisibles, l'opacité de la chair est accusée par l'angle de prise de vue et un éclairement normal ; il y a ainsi diminution de l'impact sensuel, et le caractère abstrait des formes féminines est souligné, le grain de poivre fait l'objet d'une prise de vue globale, en très gros plan ; sa surface polie ou huilée accuse le pouvoir de suggestion érotique d'une forme évidemment neutre par l'accentuation de ses apparences « palpables ».

Les artistes du Bauhaus avaient été émerveillés par la beauté des formes que révèle la photographie industrielle ou scientifique ; et peu d'images en effet présentent autant d'intérêt d'un point de vue formel que celles qui nous sont offertes par la métallographie et la cristallographie. Mais leurs conceptions n'ont pas réussi à s'imposer. Personne aujourd'hui ne peut croire que la microphotographie scientifique soit seule porteuse d'un idéal de beauté formelle qu'il appartiendrait à la photographie de nous révéler. Selon une tradition déjà longue, la beauté photographique porte nécessairement l'empreinte d'une décision humaine : le fait que telle chose vue est susceptible de faire une bonne photographie, et qu'une belle image ne saurait manquer de provoquer quelques commentaires. Ainsi a-t-on pu estimer que révéler l'élégance des formes d'un vase de nuit — sujet d'une série de clichés pris par Weston au Mexique en 1925 — pouvait offrir un plus grand intérêt que la présentation poétique d'un flocon de neige ou des empreintes fossiles sur un bloc de charbon.

Weston pensait que la beauté est par elle-même subversive — ce qui fut en quelque sorte confirmé par le fait que ses nus artistiques scandalisèrent certains critiques. (En réalité, Weston — et à sa suite André Kertész et Bill Brandt — apportait à la photographie de nus une qualité esthétique qui la rendait respectable.) Actuellement, les photographes sont plutôt portés à mettre en valeur les apparences qui rendent leurs modèles proches de l'humanité la plus ordinaire. Bien que les photographes n'aient nullement cessé de rechercher la beauté, on a cessé de croire que la photographie, par ses recherches formelles, pouvait bouleverser la conception même du beau. Aux artistes ambitieux, comme Weston et Cartier-Bresson, qui découvraient dans la photographie une façon toute nouvelle de voir — précise, intelligente, scientifique même — se sont opposés des photographes d'une génération plus récente, tel Robert Frank, qui recherchent un mode de vision moins perçant que populaire, et ne prétendent pas imposer des façons de voir entièrement nouvelles. La déclaration de Weston, estimant que « la photographie dévoile devant nous une nouvelle vision du monde », offre un exemple caractéristique de ces espoirs exagérés que les courants du modernisme avaient suscités parmi les milieux artistiques au cours du premier tiers de ce siècle — espoirs qui sont désormais abandonnés. L'appareil photographique a bien été à l'origine d'une véritable révolution psychique, mais ce ne fut pas dans le sens positif et romantique qu'envisageait Weston.

En faisant tomber des œillères qui entravent la vision ordinaire, la photographie crée un nouveau comportement visuel — frais et intense, ardent et détaché, charmé d'un détail insignifiant, féru des formes incongrues. Mais la vision photographique doit sans cesse se renouveler dans ses images et sa technique, afin de fournir des images chocs donnant l'impression de transgresser les normes de la vision ordinaire. Car, soumis aux révélations des photographes, l'œil tend à accommoder sa vision aux photographies elles-mêmes. La vision d'avant-garde de Strand, dans les années vingt, de Weston vers la fin des années vingt et le début des années trente, fut promptement assimilée par le public. Leurs études rigoureuses et en gros plans de coquillages, de plantes, de feuillages, d'arbres portant les cicatrices du temps, de varechs, de galets polis, de troncs flottants, d'ailes de pélicans, de noueuses racines de cyprès et de mains noueuses d'ouvriers, sont devenues les clichés habituels d'une façon de voir typiquement photographique. Ce que distinguait autrefois un regard aigu et avisé, n'importe qui désormais est à même de le percevoir. Instruits par les photographies, nous sommes tous à même de visualiser ce qui faisait simplement l'objet de métaphores littéraires — l'aspect géographique des corps : un cliché où une femme enceinte, par exemple, offre l'apparence d'un renflement de terrain, ou une petite colline qui prend l'aspect d'un corps de femme enceinte.

Cette familiarisation n'explique pas toutefois l'usure de certains critères de beauté alors que d'autres subsistent. L'érosion revêt un caractère moral aussi bien que perceptif. Strand et Weston ne pouvaient guère imaginer à quel point ces critères de beauté pouvaient se banaliser ; mais comment en aurait-il été autrement quand Weston, par exemple, insistait simplement sur l'importance de ce critère idéal et sans contenu de la perfection ? Alors que le peintre, au dire de Weston, s'est toujours efforcé « de corriger la nature par sa propre intervention », le photographe a prouvé « que la nature offre une infinité de " compositions " parfaites — que l'ordre est partout ». Au-delà de la belliqueuse attitude d'esthétisme pur des modernes apparaît une acceptation d'une générosité surprenante : un monde tel qu'il est. Weston, qui passa la plus grande partie de son existence de photographe sur la côte californienne, près de Carmel, le Walden des années 1920, y découvrait assez aisément l'ordre et la beauté, tandis que pour Aaron Sisking, photographe new-yorkais de la génération qui suivit celle de Strand, et qui commença par photographier des monuments et faire des portraits de genre des résidents de la City, le problème était plutôt celui de la création d'un ordre : « Quand je fais une photographie, écrivait Sisking, j'entends que ce soit un objet entièrement nouveau, spécifique et complet, fondé avant tout sur un certain ordre. » Pour Cartier-Bresson, faire des photographies c'est « découvrir la structure du monde, se griser de la pure joie des formes », découvrir « qu'il y a un ordre dans tout ce chaos ». (Peut-être est-il impossible de parler de la perfection du monde sans prendre le ton du prédicateur.) Mais l'idée de la perfection du monde a une résonance trop sentimentale, est porteuse d'une notion de beauté trop étrangère au cours de l'histoire pour que la photographie puisse s'en contenter. N'était-il pas inévitable que l'œuvre de Weston — plus attaché à l'abstraction, à la découverte des formes, que ne l'était Strand — ait eu une portée moins considérable que celle de ce dernier ? Ainsi, Weston ne s'est jamais soucié de réaliser des photographies consciemment révélatrices des différences sociales et, à l'exception d'une courte période, de 1923 à 1927, où il vécut à Mexico, il passa toute sa vie à l'écart des grandes agglomérations. Strand, comme Cartier-Bresson, était attiré par les stigmates pittoresques et désolés d'une existence purement urbaine. Mais leur éloignement de la nature n'empêchait pas Strand ni Cartier-Bresson — nous pourrions également citer Walker Evans — de continuer à exercer sur toute chose un regard critique, discernant partout l'ordre. Cette conception de Stieglitz, de Strand, de Weston, selon laquelle une photographie doit avant tout être belle — c'est-à-dire harmonieusement composée — est peu appréciée de nos jours, où l'on estime qu'elle néglige la réalité du désordre. La façon dont le Bauhaus avait conçu le rôle de la photographie, selon une vision optimiste de la technologie et de la science, n'est également pas loin désormais de paraître dangereuse. On s'intéresse peu ajourd'hui aux images de Weston, admirablement conçues et d'une grande beauté, tandis que celles qui furent réalisées par les premiers photographes anglais et français du milieu du XIXᵉ siècle, ou celles d'Atget, par exemple, nous enchantent plus que jamais. Weston avait noté, dans ses *Carnets*, qu'Atget « n'est pas un bon technicien », remarque qui reflète bien la cohérence de sa propre conception et son éloignement des préférences du goût moderne. « Le halo détruit les tons et la correction lumineuse n'est pas bonne, indique Weston ; l'instinct du choix du sujet est fort aiguisé, mais la réalisation est faible — la composition est sans excuse.... souvent on a l'impression que l'effet est manqué. » Weston, avec son religieux respect pour la perfection du rendu, n'a pas été suivi par le goût contemporain, qui marque sa préférence pour Atget et pour d'autres maîtres dans la tradition d'une photographie aventureuse et populaire. On en est venu à apprécier une technique visiblement imparfaite du fait qu'elle vient rompre cette concomitance rassurante entre Nature et Beauté. La nature est devenue le sujet de regrets nostalgiques ou d'indignations, beaucoup plus que l'objet d'une contemplation tranquille, ainsi qu'on peut le constater par les différences de sensibilité qui séparent et distinguent les magnifiques paysages d'Ansel Adams, le plus renommé des disciples de Weston, ou la plus récente des réalisations s'inspirant des théories du Bauhaus, *The Anatomy of Nature*, d'Andreas Feininger, de toute une imagerie actuelle, révélatrice des tares d'une nature souillée. Il semble que ces normes idéales de la beauté formelle aient été liées à l'état d'esprit caractéristique d'une certaine période de notre histoire, celle de l'optimisme des temps modernes (la nouvelle vision, l'ère nouvelle), tandis que le déclin des normes d'une photographie puriste, représentée aussi bien par Weston que par l'école du Bauhaus, s'est accompagné du relâchement moral des plus récentes décennies. Dans le climat de désenchantement de la période présente, la conception d'une beauté formelle sans rapport avec les courants de l'histoire paraît de moins en moins acceptable. Des normes esthétiques plus sombres, liées à la sensibilité de l'époque, se sont imposées, provoquant une réévaluation de l'héritage photographique du passé ; et, rejetant apparemment la définition classique de la beauté, les plus récentes générations de photographes choisissent de montrer le désordre, l'anecdote, souvent troublante, plutôt que d'isoler des « formes simplifiées », selon l'expression de Weston, en définitive rassurantes. Mais cette photographie âpre, souvent indiscrète, qui refuse la pose et préfère à la beauté la vérité, n'en est pas moins porteuse de beauté. La photographie a connu ses triomphes les plus durables grâce à cette aptitude à découvrir la beauté des pauvres, des fous et des vieilles gens. La réalité est en fin de compte pathétique — et ce *pathos* du réel en fait la beauté. (Cette beauté des malheureux, par exemple.)

Le cliché célèbre de Weston représentant l'un de ses fils qu'il adorait, « Torso of Neil » (1925), paraît beau du fait de la beauté des formes de son modèle, de la hardiesse de la composition, de l'utilisation raffinée de la lumière — qualité qui procède de l'habileté technique et du goût. Les instantanés au flash de Jacob Riis, pris de 1887 à 1890, paraissent beaux du fait de la force d'impact de leurs sujets, silhouettes patibulaires d'habitants (à l'âge indéterminé) des bas quartiers de New York, des heureux effets d'un cadrage décentré et des contrastes résultant de l'absence de contrôle des valeurs tonales — une beauté qui provient du manque d'expérience ou du pur hasard. L'appréciation de la valeur esthétique des photographies a toujours dépendu de deux types de critères totalement différents. Appréciées à l'origine en fonction des canons de la peinture, exigeant une structuration consciente et l'élimination de tout élément inutile, les réalisations de la photographie jugées dignes d'être distinguées étaient limitées jusqu'à une période récente aux travaux d'un petit nombre de photographes parvenus, par leur effort de réflexion et la maîtrise des automatismes de leur appareil, à satisfaire aux exigences de la pratique d'un art. Mais il est désormais évident qu'il n'existe aucune contradiction entre l'utilisation mécanique ou naïve de l'appareil photographique et les manifestations d'une beauté formelle de très grande valeur, et cette beauté peut éventuellement paraître évidente dans une prise de vue d'une qualité quelconque : un instantané occasionnel et sans prétention pourra offrir autant d'intérêt visuel, paraître aussi expressif et aussi beau que les plus célèbres des photographies d'art. Cette démocratisation des normes esthétiques résulte logiquement de l'extension démocratique de la notion de beauté par l'intermédiaire de la photographie. Traditionnellement associée à des modèles exemplaires (l'art classique de la Grèce ancienne ne représentait que la jeunesse, le corps dans sa perfection), la beauté nous a été révélée comme partout présente par l'usage de la photographie. A côté de tous ceux qui s'efforcent de se présenter à leur avantage devant l'objectif, nous est apparue la beauté de tout ce qui est dépourvu d'attrait, négligé, rejeté.

Les photographes ne font en fin de compte aucune différence entre un effet qui est produit pour embellir les aspects du monde et l'effet, produit en sens inverse, qui a pour but d'en faire tomber les masques : aucun des deux, en outre, ne leur paraît offrir par rapport à l'autre un avantage esthétique. Même les photographes qui dédaignent d'apporter des retouches à leurs portraits — il s'agit là, depuis Nadar, d'une question d'honneur professionnel pour les spécialistes de valeur — ont toujours tenté, par divers procédés, de protéger leurs modèles de la « vision » trop cruellement révélatrice de l'appareil ; et les portraitistes, professionnellement soucieux de préserver l'aspect tout à fait « idéal » des visages célèbres, comme celui de Garbo, se sont, de façon caractéristique, livrés en même temps à une constante recherche de visages « réels », généralement ceux d'individus anonymes, les malheureux, les sans-défense, les vieillards, les fous, qui restent indifférents ou sont incapables de se défendre face à l'agressivité de l'objectif photographique. Parmi les résultats obtenus par les photographes qui, ainsi, travaillaient selon la technique des gros plans, on trouve deux portraits de rebuts des bas quartiers, portraits réalisés par Strand en 1916 : « Femme aveugle » et « Homme ». Au pire moment des années de dépression en Allemagne, Helmar Lerski réussit de son côté un véritable compendium de visages marqués par la détresse et il le publia sous le titre : *Köpfe des Alltags* (Visages de tous les jours) (1931). Ses modèles avaient été payés. Lerski qualifiait ses réalisations d' « études objectives de caractères ». Elles révélaient impitoyablement les pores élargis, les rides, le teint blême, de ces gens; il y avait là des domestiques en chômage, sortant d'un bureau de placement, des mendiants, des clochards, des laveuses, des employés de magasin.

L'appareil photographique, qui peut être plein d'indulgence, sait aussi parfaitement se montrer cruel. Mais cette cruauté est révélatrice d'un autre type de beauté, conforme aux options surréalistes, composante majeure du goût en matière de photographie. Ainsi, tandis qu'une photographie de mode se fonde sur le fait qu'un objet est susceptible de prendre sur l'image une apparence plus flatteuse que dans la réalité, il n'est pas surprenant que certains photographes de mode soient également attirés par des apparences non photogéniques. Les élégantes réalisations d'Avedon, qui flattent leurs modèles, et les travaux qui le firent considérer comme l'homme qui se refuse aux présentations flatteuses — tels les beaux et impitoyables portraits de son père mourant qu'il réalisa en 1973 — sont parfaitement complémentaires. Le rôle traditionnellement assigné à une peinture de portrait — embellir ou idéaliser le modèle — demeure le premier objectif d'une photographie commerciale ou des prises de vues quotidiennes ; mais, dans le domaine de la photographie artistique, son extension ou son influence ont été beaucoup plus limitées. D'une façon générale, là comme ailleurs, ce sont toujours les Cordélias [1] qui remportent la palme.

La photographie devenant pour une part l'instrument d'une réaction contre les normes conventionnelles de la beauté, notre conception de ce qui provoque un plaisir esthétique s'en est trouvée sensiblement élargie. Cette forme de réaction s'appuie parfois sur la notion même de réalité ; parfois encore elle se réclame d'une certaine sophistication ou d'une forme plus séduisante de mensonge : ainsi, pendant plus de dix ans, la photographie de mode a développé tout un répertoire d'attitudes exagérées où l'influence du surréalisme était manifeste. (« La beauté sera *convulsive*, écrivait Breton, ou elle ne sera pas. ») Même lorsqu'ils sont particulièrement enclins à s'apitoyer, les spécialistes du photo-reportage sont tenus de tenir compte de deux exigences contradictoires : l'une est liée à cette impression surréaliste que nous attendons d'une photographie, l'autre tient à ce que nous croyons que les clichés peuvent fournir d'importantes informations sur la réalité du monde. Les prises de vues que, vers la fin des années 1960, W. Eugene Smith rapporta du village de pêcheurs japonais de Minamata, où une grande partie des habitants sont infirmes et disparaissent année par année des suites d'un empoisonnement au mercure, ces photos nous touchent parce qu'elles nous informent de souffrances qui suscitent notre indignation — et, en même temps, elles nous écartent de ces

1. Cordélia, fille du roi Lear, symbole de la beauté physique et morale *(N.d.E.)*.

scènes d'agonie du fait de leur superbe présentation, conforme aux normes surréalistes de la beauté. Le cliché de Smith, où l'on voit un jeune garçon mourant se tordre de douleur sur les genoux de sa mère, a toutes les qualités d'une Pietà, représentative de ce monde de pestiférés où Artaud voyait le véritable sujet de la dramaturgie moderne — en fait, cette série entière de photographies pourrait illustrer une présentation du Théâtre de la Cruauté.

Une photographie étant simplement un fragment, son impact émotionnel et moral dépend de l'ensemble dans lequel elle va s'insérer. Le sens d'une photographie varie en fonction du contexte où elle apparaît. Ainsi, les clichés de Minamata réalisés par Smith feront un effet fort différent sur un papier pelure, aux murs d'une galerie, dans une manifestation politique, dans un dossier de police, dans un magazine de photographies, dans un journal, dans un livre ou placardés dans une salle de réception. Dans chacune de ces situations, les photographies sont utilisées dans des desseins différents, mais aucune n'en fixe définitivement le sens. Wittgenstein estimait que le sens des mots n'est autre que celui de leur usage — il en va de même pour les photographies. Et la présence et la prolifération de toutes les photographies contribuent ainsi à l'érosion de la notion même du sens, à une scission de la vérité du réel en de multiples vérités relatives et parcellaires que la conscience libérale contemporaine tient pour acquises.

Les photographes qui ont des préoccupations sociales estiment que leurs travaux peuvent être porteurs d'une signification stable, peuvent dévoiler la vérité. Mais, en partie parce qu'une photographie est toujours un objet s'inscrivant dans un contexte, cette signification est susceptible de disparaître : c'est-à-dire qu'un contexte où elle est immédiatement utilisée — dans un sens politique notamment — est inévitablement accompagné d'autres contextes fort différents où l'utilisation perd sa force et devient peu à peu moins adéquate. Ce processus, au cours duquel les premières interprétations se modifient et sont éventuellement remplacées par d'autres — en conséquence, notamment, de changements dans les conceptions artistiques modifiant l'appréciation des images — constitue une des principales caractéristiques de la photographie. Et les images photographiques, dès leur origine, font référence à nos yeux à d'autres images aussi bien qu'à la vie même. La photographie transmise à la presse mondiale en octobre 1967 — par les autorités boliviennes — et représentant le corps de Che Guevara, allongé sur une civière, dans une écurie, sur une auge de ciment, entouré d'un colonel bolivien, d'un agent des services secrets des Etats-Unis et de quelques soldats et journalistes, non seulement exposait les dures réalités historiques de l'Amérique latine contemporaine, mais, ainsi que devait l'expliquer John Berger, offrait également quelque ressemblance avec le tableau de Mantegna, *La mort du Christ*, et avec celui de Rembrandt, *la Leçon d'anatomie du docteur Tulp*. Pour une part, l'impact émotionnel de cette photographie vient du fait qu'il y avait une ressemblance dans la composition de cette image et de celle des deux tableaux. En fait, elle est inoubliable, et pourrait, séparée de son contexte politique, devenir une image sur laquelle le temps n'a pas de prise.

Les meilleurs commentateurs en matière de photographie ont été des moralistes — des marxistes ou des gens qui prétendaient l'être, vivement séduits par les images, mais aussi troublés par la façon dont elles embellissent inexorablement la réalité. En 1934, lors d'une communication à l'Institut d'études sur le fascisme, à Paris, Walter Benjamin observait :

Désormais, l'objectif photographique est incapable de saisir une baraque ou un tas d'ordures sans les transfigurer. Et que dire devant un barrage sur une rivière ou une usine de câbles électriques ! La photographie, devant cela, ne fait que répéter : « Comme c'est beau ! »... En transformant tout ce que la pauvreté a d'abject, en y réussissant par le

123

biais d'une technique parfaite et à la mode, elle l'a aussi transformé en un objet de plaisir.

Les moralistes férus de photographie gardent toujours l'espoir que des paroles appropriées pourraient préserver le sens de l'image. (Démarche opposée à celle de l'organisateur d'exposition qui, pour présenter un photo-reportage comme une œuvre artistique, supprime les légendes originales.) Walter Benjamin pensait ainsi qu'une légende justement choisie, inscrite au bas d'une image, pouvait « racheter les détériorations dues à la mode du jour et lui conférer sa véritable valeur révolutionnaire ». Il invitait les écrivains à s'adonner à la photographie, pour bien montrer la route à suivre.

Les écrivains socialement engagés ne sont pas devenus des spécialistes de l'appareil photographique, mais ils s'efforcent fréquemment, de leur mouvement propre ou à la suite de sollicitations, d'éclairer le témoignage des photographes sur des faits réels ; ainsi que le faisait James Agee, en écrivant les textes qui seront joints au recueil de photographies de Walker Evans, *Let Us Now Praise Famous Men*, ou comme le fit John Berger en commentant la photo du cadavre de Che Guevara — avec ce qui n'était qu'une longue légende explicative, essayant de déterminer les associations d'idées politiques et la signification morale d'un document que Berger jugeait trop satisfaisant sur le plan de l'esthétique, trop parfait en tant qu'image. Le court métrage de Godard et Gorin, *Lettre à Jane* (1972), est en quelque sorte la contre-légende d'une photographie — la critique mordante d'une photographie prise au Nord-Vietnam. (Le film constitue également un exemple typique de la façon dont il convient d'interpréter une photographie dans son contexte : la nature toujours intentionnelle du cadrage, de l'angle de prise de vue, de la mise au point de l'objectif.) La signification de la photographie, où l'on voit Jane Fonda écouter d'un air plein de tristesse et de compassion l'exposé des ravages des bombardements américains que détaille un Vietnamien inconnu, est en quelque sorte l'inverse de celle qu'elle pouvait avoir pour les Vietnamiens qui la publièrent, du seul fait de sa parution dans le magazine français *l'Express*. Mais mieux encore que le changement provenant de ce nouveau cadre, la légende dont *l'Express* avait fait suivre cette image détruisait la portée révolutionnaire qu'elle devait avoir pour les Vietnamiens. « Cette photographie, comme toute photographie, est physiquement muette, indiquaient Godard et Gorin. Elle parle par la bouche du texte qui vient s'inscrire en-dessous. » Les paroles, en réalité, parlent plus haut que les images. Les légendes ont tendance à contredire ce que peuvent voir nos yeux ; mais aucune jamais ne peut définitivement donner son sens à une image ou le limiter.

Les moralistes voudraient que les images *parlent* — ce qu'aucune d'elles d'aucune façon ne pourra faire. La légende qui les accompagne est la voix qui leur manque, et on voudrait qu'elle fût véridique. Mais la légende la plus précisément exacte est encore une interprétation, nécessairement limitée, de l'image à laquelle elle est jointe. Et comme il est facile d'enfiler ou de retirer ce gant ! La légende ne saurait empêcher que la signification morale ou l'argumentation que viennent soutenir une ou plusieurs photographies ne soient menacées par les significations diverses dont chacune d'entre elles est porteuse — ou encore que sa qualification ne soit le résultat de la mentalité de collectionneur de ceux qui goûtent la photographie et de la forme esthétique que prend inévitablement la présentation d'un sujet. Les photographes qui nous apportent un témoignage déchirant sur un fait historique particulier sont eux-mêmes enclins à présenter leur sujet sous un aspect de beauté transcendante et durable qui donne prise à l'équivoque. La photographie de la mort de Che Guevara est belle en fin de compte — comme il était beau lui-même. Comme sont belles les photographies des habitants de Minamata. Comme l'est celle du jeune garçon juif, photographié en 1943 pendant une rafle dans le ghetto de Varsovie, les bras levés, figé par la terreur — image que l'héroïne du film de Bergman, *Persona*, avait emportée avec elle à l'hôpital psychiatrique, comme une sorte de photo-souvenir de l'essence du tragique.

Les photographes, même s'ils sont animés des meilleures intentions et veillent à accompagner leurs prises de vues de légendes appropriées, doivent nécessairement, dans une société de consommation, rechercher la beauté. Par leur admirable composition et l'utilisation harmonieuse de la perspective, les photographies de Lewis Hine, témoignant de l'exploitation du travail de l'enfance dans les mines et les usines américaines à la fin du siècle dernier, ont une valeur intrinsèque qui dépasse celle de la simple adéquation à leur sujet. Les habitants des plus riches régions du monde — où les photographies sont, pour la plupart, produites et utilisées — apprennent surtout à connaître les malheurs et les détresses du monde par tout ce que les reproductions photographiques peuvent leur en révéler. Mais le médium tend si fortement à accentuer le caractère purement esthétique des images qu'au lieu de transmettre des impressions de détresse, il finit par les neutraliser. Les caméras rétrécissent les dimensions de l'expérience et font de l'histoire un spectacle. Tout en suscitant les sympathies, les images photographiques en suppriment les effets, elles maintiennent l'émotion à distance. Le réalisme photographique suscite la confusion quant à la nature même du réel, ce qui conduit à long terme à une insensibilisation morale, tout en stimulant dans l'immédiat ou à plus long terme la sensibilité sensorielle. Il éclaircit notre regard. Et c'est de cette vision *fraîche* dont on entend parler sans cesse.

Quels que soient les objectifs moraux dont la photographie puisse se prévaloir, elle a principalement pour effet de transformer le monde qui nous entoure en une sorte de grand magasin ou de musée ouvert de toutes parts, où n'importe quel sujet devient un article de consommation, fait l'objet d'une appréciation esthétique. Nous nous transformons, par l'intermédiaire des appareils photographiques ,en une clientèle touristique, en amateurs de la réalité — ou plutôt des *Réalités*, comme l'indique le titre d'un photo-magazine français — car la réalité est alors conçue sous une forme plurielle, fascinante et comme à portée de la main. Les photographies, en nous rapprochant de l'exotique et en donnant une apparence exotique à ce qui nous est proche et familier, nous présentent le monde entier comme un objet à évaluer. Les photographes qui ne se contentent pas de traduire leurs propres obsessions découvrent partout devant eux des sujets superbes, des instants qui retiennent l'attention. Les sujets les plus disparates sont alors rassemblés dans une unité fictive, selon l'idéologie humaniste. Ainsi, comme le déclarait un critique, les photographies réalisées par Paul Strand à la dernière période de sa vie — lorsqu'il se détourna des brillantes découvertes de la vision abstraite pour se consacrer à la tâche de présenter sous une forme touristique les aspects multiples de l'univers — ont d'autant plus de force que « ses modèles, qu'il s'agisse d'une épave du *Bowery*, d'un péon mexicain, d'un fermier de la Nouvelle-Angleterre, d'un paysan italien, d'un artisan français, d'un pêcheur des Hébrides ou de Bretagne, d'un fellah égyptien, d'un idiot de village ou du célèbre Picasso — sont tous porteurs de la même qualité héroïque, l'humanité ». Mais en quoi consiste l'humanité ? C'est une qualité commune à tous les êtres et à toutes les choses quand on les regarde comme on regarde une photographie.

Le désir de photographier est en principe exclusif d'une discrimination, car désormais la pratique de la prise de vue s'accompagne de l'idée que l'appareil photographique est capable de donner de l'intérêt à tout ce qui existe dans le monde. Mais la propriété que possède chaque objet de paraître « intéressant », de même que son apparence d'humanité, ne recouvre que du vide. La saisie photographique des apparences du monde, produisant un nombre infini de notations différentes de la réalité, fait que toutes choses apparaissent comme homologues. La photographie n'est pas moins réductrice des dimensions et de la portée du réel lorsqu'elle établit un répertoire des formes que lorsqu'elle en révèle la beauté. En dévoilant la matérialité des êtres et l'humanité des choses, la photographie transforme la réalité en une simple affirmation tautologique. Cartier-Bresson va parcourir la Chine, et il nous montre que la Chine est habitée, et que ses habitants sont des Chinois.

On demande souvent à la photographie de concourir à la compréhension et à la tolérance. La plus noble vocation de la photographie, selon la phraséologie humaniste, sera d'expliquer l'homme à l'humanité. Mais les photographies n'expliquent rien : elles constatent. Robert Frank faisait à tout le moins preuve d'honnêteté lorsqu'il déclarait : « La production d'un document authentique sur le temps présent exige qu'il soit pourvu d'un impact visuel dont la force annule sa capacité d'explication. » Pour autant que les photographies représentent des messages, le message transmis est à la fois transparent et mystérieux. « Une photographie est un secret qui nous parle d'un secret, observait Arbus ; plus elle paraît explicite et moins nous sommes éclairés. » La compréhension que paraissent apporter les photographies est en fin de compte illusoire : elles nous invitent à faire preuve, devant les réalités du monde, d'une inlassable activité prédatrice, qui alimente la sensibilité esthétique et qui, en émoussant les émotions, provoque le détachement.

La véritable valeur d'une photographie provient du fait qu'elle nous permet d'examiner ou de réexaminer à loisir des instants de la durée que le flux du temps emporte aussitôt. Ce pouvoir de congeler le temps — l'immobilité poignante, insolente, de chaque photographie — a donné naissance à des normes esthétiques plus spécifiquement nouvelles. Mais les vérités qui s'expriment dans cet instant séparé de la durée — quelle qu'en soit l'importance, ou la signification — n'ont avec la nécessité de comprendre qu'un rapport très limité. Contrairement à ce que paraît indiquer la proclamation d'une vocation humaniste de la photographie, la propriété que possède l'appareil photographique de transformer en objets esthétiques les aspects du réel provient de son incapacité relative à en exprimer la vérité. La raison pour laquelle les photographes professionnels de talent ont fait de l'humanisme une idéologie privilégiée — en écartant les justifications purement formelles de leur recherche de la beauté — fut qu'ils éprouvaient la nécessité de dissimuler la confusion des notions de vérité et de beauté qui est à la base de toute entreprise photographique.

5. Les crédos des photographes

De même que d'autres entreprises en constant développement, la photographie a toujours inspiré à ses fidèles pratiquants le désir de commenter leurs travaux et d'expliquer en quoi et pourquoi ils sont valables. La photographie fut tout d'abord l'objet de rudes attaques — on l'accusait de mettre à mort la peinture dont elle était issue et de faire preuve d'agressivité prédatrice à l'égard des gens photographiés — mais cette période fut de courte durée. Certes, la peinture n'était pas décédée en 1839, comme un peintre français l'avait un peu trop hâtivement annoncé ; bientôt les partisans d'une étude précise du sujet cessèrent de considérer la photographie comme une méthode de copie servile ; et un grand peintre — Delacroix —déclarait aimablement, en 1854, regretter qu'une invention aussi admirable arrive aussi tardivement. Rien, de nos jours, ne paraît plus acceptable que ce recyclage photographique des réalités — acceptable aussi bien comme une activité quotidiennement habituelle que comme une branche spécifique des beaux-arts. Néanmoins, les photographes professionnels de valeur se tiennent encore sur la défensive et multiplient les professions de foi. On peut dire que, jusqu'à ce jour, presque tous les photographes importants ont publié leur credo ou leur manifeste, ont exposé quelle était à leurs yeux la mission morale et esthétique de la photographie. Et leurs déclarations sont *entre elles* totalement contradictoires, en ce qui concerne leurs connaissances personnelles comme au sujet de la forme d'art qu'ils veulent pratiquer.

La facilité déconcertante de la prise de vue et le « crédit » qui, inévitablement, s'attache aux résultats du travail du photographe, même s'ils sont obtenus par inadvertance, semblent indiquer qu'il n'y a qu'un rapport extrêmement fragile entre cette activité et la connaissance qui en résulte. Nul ne contestera que la photographie ait puissamment renforcé la contribution que la vue prétend apporter à la connaissance — en prolongeant le champ du visible par ses gros plans et ses clichés télescopiques. Mais quant à savoir si la photographie aide à mieux connaître un sujet dans des conditions techniques normales ou dans quelle mesure il faut bien connaître ce que l'on photographie pour obtenir un excellent cliché, il existe de profonds désaccords. La prise de vue a fait l'objet de deux interprétations fondamentalement différentes : ce serait, soit un acte de connaissance, précis et lucide, consciemment intelligent, soit un mode de rencontre préintellectuel et purement intuitif. Ainsi Nadar déclarait, en parlant des portraits si respectueusement expressifs de ses amis célèbres, Baudelaire, Doré, Michelet, Hugo, Berlioz, de Nerval, Gautier, Sand, Delacroix et autres : « Mes meilleurs portraits sont ceux des personnes que je connais le mieux », cependant qu'Avedon observait que les portraits qu'il réussissait le mieux étaient le plus souvent ceux de gens qu'il n'avait jamais rencontrés avant de les photographier.

Au cours de notre siècle, les photographes de la précédente génération voyaient, dans l'exercice de la photographie, un effort d'attention héroïque, une discipline ascétique, une sorte de mysticisme réceptif à toutes les apparences du monde à travers le « nuage » de la non-connaissance. Si l'on en croit Minor White : « L'état d'esprit du photographe, quand il se prépare à créer... au moment de prendre un cliché, c'est le vide... Le photographe se projette lui-même dans tout ce qu'il voit, afin de le mieux connaître et le mieux sentir. » Cartier-Bresson se comparait à un archer zen qui devait devenir sa propre cible afin de pouvoir l'atteindre : « Il faut réfléchir, disait-il, avant ou après, jamais au moment de prendre un cliché. » La pensée obscurcirait, pense-t-on, la transparence entre le photographe et son sujet, et empiéterait sur l'autonomie profonde du sujet qu'il est en train de photographier. Afin de prouver que les photographies sont capables de transcender la reproduction littérale — ce qu'elles font quand elles sont bonnes —, de très compétents photographes ont conçu la photographie comme un mode de connaissance intuitive et paradoxale. Elle serait une façon de connaître sans connaissance, un moyen pour l'esprit de franchir les limites des réalités du monde sans les attaquer de front.

Mais même lorsque des photographes professionnels notoires jettent le discrédit sur la réflexion — le refus du raisonnement intellectuel est un thème favori de toute apologétique de la photographie —, ils s'efforcent de montrer que cette visualisation toute d'ouverture est empreinte de la plus grande rigueur.. « Une photographie ce n'est pas un accident — c'est un concept », assure Ansel Adams. « Une photographie-mitraillage, où l'on prend des séries de clichés dans l'espoir d'en trouver un de bon, n'aboutit jamais, fatalement, à de bons résultats. » On pense communément qu'avant de faire une bonne photographie, il faut commencer par la visualiser. Autrement dit, l'image devrait être présente dans l'esprit du photographe à l'instant de l'impression du négatif ou peu avant. Les plaidoyers en faveur de la photographie commencent en général par exclure que la méthode des prises de vues au hasard, surtout pratiquée par des amateurs sans expérience, puisse aboutir à quelque résultat satisfaisant. Néanmoins, bien qu'ils ne l'avouent qu'avec réticence, la plupart des photographes gardent une confiance presque superstitieuse dans l'heureuse intervention du hasard — et ils ont de bonnes raisons pour cela.

Toutefois, depuis peu de temps, c'est le secret de polichinelle.

Tandis que la défense et illustration de la photographie est entrée dans une phase d'examen rétrospectif, cet état d'esprit constamment en éveil que nécessiterait la réalisation de parfaites prises de vues fait lui-même l'objet d'une suspicion croissante. Les manifestes des photographes hostiles à tout intellectualisme — lieu commun du modernisme en matière d'art — ont ouvert la voie à une autocritique empreinte de scepticisme quant aux capacités réelles de la photographie — autocritique couramment pratiquée dans les mouvements modernistes. A la photographie-connaissance succède ainsi la photographie purement photographique. Réagissant avec vigueur contre l'idéal d'une représentation dictatoriale, les plus en vogue parmi les jeunes photographes américains écartent la possibilité d'une prévisualisation de l'image et estiment que leurs travaux ont pour but de montrer à quel point les choses prennent un aspect différent lorsqu'elles sont photographiées.

Renoncer à la prétention de connaître n'interdit nullement de revendiquer l'aptitude à la créativité. Un des thèmes principaux que les défenseurs de la photographie n'ont cessé de reprendre avec insistance est que la prise de vue exprime en premier lieu les caractéristiques d'un tempérament et, d'une façon accessoire, celles d'une machine, comme s'ils entendaient ainsi réfuter cette réalité évidente que des photographes dépourvus de compétence et de motivations sérieuses ont néanmoins pu obtenir de superbes images. Ce thème a été exposé de la façon la plus éloquente dans le meilleur essai écrit jusqu'à ce jour à la gloire de la photographie, le chapitre que Paul Rosenfeld a consacré à Stieglitz dans son ouvrage, *Port of New York*. En utilisant sa « machinerie » — selon l'expression de Rosenfeld — « d'une manière non mécanique », Stieglitz a montré, non seulement que « l'appareil photographique lui offrait l'occasion de s'exprimer », mais qu'il permettait d'obtenir des images selon une gamme de nuances « plus étendue et plus délicate que la main n'aurait pu le faire ». Dans un sens similaire, Weston a répété sans cesse que la photographie représente un moyen d'expression personnelle incomparable, bien supérieur de ce point de vue à la peinture. La photographie, afin de rivaliser avec cette dernière, va mettre l'originalité au premier plan des critères d'appréciation des travaux d'un photographe — une originalité portant la marque d'une sensibilité personnelle profonde et singulière. « Des photographies qui expriment quelque chose d'une manière nouvelle, voilà qui est passionnant, écrit Harry Callahan, non pas parce qu'elles sont différentes, mais parce que le réalisateur est quelqu'un de différent et que c'est lui-même qui s'exprime. » Pour Ansel Adams, « une photographie de grande valeur sera celle qui exprime pleinement et en profondeur ce que l'on éprouve à la vue de l'objet photographié, et par là elle est l'expression réelle de notre façon d'éprouver l'existence entière ».

Il est évident que cette conception de la photographie comme « expression de vérité » est fort différente de la conception communément répandue d'une photographie qui fixe fidèlement les contours des formes. Bien que la plupart des exposés qui cherchent à définir le rôle spécifique de la photographie n'insistent guère sur cette différence, elle ressort implicitement des termes fortement polarisés et caractéristiques qu'utilisent les photographes pour bien faire saisir le sens de leurs travaux. Comme les autres formes modernes de la recherche d'un style personnalisé, la photographie se réfère à la conception traditionnelle d'une opposition radicale entre le moi et le monde. La photographie apparaît, en ce sens, comme le témoignage frappant d'un « moi » individuel — perpétuel errant parmi les formes envahissantes de l'univers — et qui domine les réalités par un effort constant et rapide de sélection. Or, on distingue dans la photographie un moyen de s'intégrer au monde (tout en le percevant comme envahissant et hostile), on le considère avec détachement — écartant ainsi les revendications du Moi, insolemment importunes. Mais la différence n'est pas aussi grande qu'il pourrait paraître entre une conception qui voit dans la photographie un moyen admirable d'expression personnelle et une appréciation élogieuse qui distingue en elle une manière de servir le réel avec humilité. Pour l'une comme pour l'autre, la photographie représente un moyen systématique de révélation, qui nous montre la réalité sous un jour que nous n'avons pas perçu précédemment.

Ces propriétés révélatrices de la photographie sont généralement qualifiées de « réalisme » — terme qui a fait l'objet de maintes polémiques. Depuis Fox Talbot, qui estimait que la caméra produit des images naturelles, jusqu'à la dénonciation du caractère « pictural » de la photographie par Berenice Abbott et à la mise en garde de Cartier-Bresson, pour qui « l'arrangement artificiel est ce qu'il faut redouter par-dessus tout », la plupart des déclarations des photographes, si contradictoires qu'elles soient, ont un point de convergence : le pieux respect qu'il convient d'accorder aux choses telles qu'elles se présentent. On pourrait penser que les utilisateurs d'un moyen d'expression considéré généralement comme réaliste au plus haut point ne devraient avoir nul besoin de s'exhorter mutuellement à s'en tenir au strict réalisme. Néanmoins les exhortations se poursuivent — comme témoignant encore du besoin qu'éprouvent les photographes de définir comme un instrument aussi impératif que mystérieux le processus qu'ils utilisent pour faire leurs les réalités du monde.

En proclamant avec insistance que le réalisme constitue l'essence même de la photographie, Abbott n'a pas cherché, comme on pourrait le croire, à établir la supériorité d'une méthode ou d'une norme particulière ; et cela ne signifie pas nécessairement que les « photodocuments », selon son expression, présentent une valeur supérieure à celle des photographies picturales [1]. Le réa-

---

1. Le terme « pictural » a été popularisé, et certes dans un sens positif, par le plus célèbre des photographes d'art du XIXᵉ siècle, Henry Peach Robinson, dans son ouvrage, *Pictorial Effect in Photography* (l'Effet pictural en photographie) (1869). « Son système

lisme photographique est capable de s'accommoder de tous les styles, de s'appliquer à n'importe quel sujet. On le définit parfois dans un sens plus strict comme un moyen de produire des images qui nous informent sur les aspects du monde en les copiant avec fidélité. Selon un mode d'interprétation plus large, faisant écho au refus de l'exacte similitude qui, depuis plus d'un siècle, inspire les réalisations de la peinture, le réalisme photographique tend de plus en plus à se définir comme ce que je perçois « réellement », et non pas comme ce qui se trouve là « en réalité ». Toutes les formes d'un art moderne prétendent entretenir un rapport privilégié avec la réalité, mais cette prétention paraît particulièrement justifiée dans le cas de la photographie. Celle-ci toutefois n'a pas été plus épargnée que la peinture par cette forme typiquement moderne du doute concernant la perception directe des réalités — le refus de se fier aux premiers résultats de l'observation. Abbott elle-même se réfère à une réalité incertaine et mobile par nature, qui exige la vision plus aiguë et plus sélective de la caméra — une réalité qui se multiplierait en quelque sorte. « Aujourd'hui, nous sommes confrontés à la réalité dans des proportions et à un degré que l'homme n'a encore jamais connus, déclare-t-elle, et la responsabilité du photographe en est d'autant plus grande. »

Le programme que le réalisme fixe ainsi à la photographie suppose que la réalité est dissimulée à nos yeux. Et ce qui se cache ainsi doit être dévoilé. L'image fixée par l'appareil photographique est une révélation — qu'il s'agisse d'une phase fuyante d'un mouvement, d'un ordre que la vision naturelle est incapable de saisir, ou d'une « réalité chaude », selon l'expression de Moholy-Nagy,

consistait à présenter n'importe quel sujet d'une manière flatteuse », déclarait Abbott dans un manifeste paru en 1951, *Photography at the Crossroads* (la Photographie à la croisée des chemins). Voyant en Nadar, Brady, Atget et Hine d'admirables maîtres de la photo-document, Abbott critiquait Stieglitz, successeur de Robinson, en qui elle voyait le fondateur d'une école « Surpictorialiste » où, une fois de plus, « prédominait la subjectivité ».

ou simplement d'une façon de voir elliptique. Lorsque Stieglitz parle de « l'attente patiente du moment d'équilibre », il s'agit de l'attente d'un instant favorable à la révélation d'une réalité cachée, de même que Robert Frank attendait, pour saisir la réalité à l'improviste, un instant de déséquilibre révélateur, ce qu'il appelait « les moments de l'intervalle ».

Quel que soit l'objet auquel elle s'attache, la vision photographique veut nous montrer quelque chose qui nous est caché. Mais, pour nous signaler la présence du mystère, il n'est pas nécessaire que les photographes choisissent des sujets exotiques ou particulièrement frappants. Lorsque Dorothea Lange demande instamment à ses confrères de concentrer leur attention sur le « familier », elle entend bien que ce familier, fixé par une utilisation judicieuse de la caméra, va devenir mystérieux. La fidélité au réalisme ne signifie pas que la photographie devrait limiter son choix à des sujets qui semblent plus proches que d'autres des réalités, mais elle montre clairement quel doit être le sens du formalisme visuel dans n'importe quelle œuvre d'art : la réalité se trouve là, selon le terme de Victor Chklovski, « dé-familiarisée », privée de sa signification familière. L'attaque sans ménagement de n'importe quel sujet, telle est l'exigence première. Armés de leurs appareils, les photographes assaillent la réalité — qu'ils perçoivent comme rebelle, se dérobant à leur approche, et comme irréelle. « Les images ont pour moi une réalité, déclarait Avedon, dont les personnes sont dépourvues. C'est par les photographies que j'apprends à les connaître. » Cette vocation réaliste que revendique la photographie n'est nullement exclusive d'un élargissement de ce vide qui sépare l'image de la réalité, car la connaissance mystérieuse qu'apportent les photographies, en faisant ressortir les contours des réalités, implique une certaine aliénation quant à la réalité ou même une dévaluation de cette réalité.

Telle que nous la décrivent les photographes, la prise de vue constitue à la fois une technique universelle d'appropriation du monde des objets et un moyen d'expression, nécessairement solipsiste, d'une personnalité. Les photographies dépeignent des réalités telles qu'elles existent déjà, mais qui ne peuvent être révélées que par l'intermédiaire de l'appareil. Elles dépeignent en outre un tempérament individuel, qui se découvre à travers les fragments de réalité recueillis par la caméra. Selon Moholy-Nagy, la photographie se caractérise par son aptitude à présenter « un portrait objectif : en photographiant une individualité de façon que le résultat ne soit entaché d'aucune intention subjective ». Selon Lange, le portrait d'une personne quelconque est également « le propre portrait du photographe, et pour Minor White, qui recommande « d'utiliser l'appareil photographique pour se découvrir soi-même », toutes les photographies de paysages représentent des « paysages intérieurs ». Ces deux objectifs idéaux sont contradictoires. Pour autant que la photographie se propose (ou devrait se proposer) de reproduire les aspects du monde, la personnalité du photographe compte pour peu de chose, mais dans la mesure où elle est l'instrument d'une quête intrépidement subjective, le photographe est tout.

Le caractère instructif et convaincant de la photographie qu'apprécie particulièrement Moholy-Nagy le conduit à exiger l'effacement de la personnalité du photographe : en utilisant et renforçant nos facultés d'observation, la photographie nous conduit à « une transformation psychologique de notre perception visuelle ». (Il déclare, dans un essai publié en 1936, que la photographie comporte et développe huit façons distinctes de voir les choses : une vision abstraite, exacte, rapide, appliquée, intense, pénétrante, simultanée et déformante.) Mais l'effacement de la personnalité fait également partie des exigences d'une autre conception de la photographie, très différente et fort peu scientifique, qui s'exprime dans cette profession de foi de Robert Frank : « Une photographie doit être avant tout chargée de l'humanité d'un instant. » Selon ces deux optiques différentes, le photographe devrait être une sorte d'observateur idéal : selon Moholy-Nagy, il observerait avec le détachement d'un chercheur, et, selon Frank, il verrait « simplement avec le regard de l'homme de la rue ».

Une des caractéristiques attachantes de ces conceptions d'un observateur idéal — impersonnel comme le voudrait Moholy-Nagy, ou amical dans la perspective de Frank — est qu'elles se refusent implicitement à considérer la prise de vue comme une attaque. La plupart des photographes professionnels s'élèvent avec vigueur contre toute description de ce type. Parmi le fort petit nombre de ceux qui ont admis, bien qu'avec réticence, le caractère abusivement prédateur des activités du photographe, figurent Cartier-Bresson et Avedon. Plus généralement, les photographes éprouvent le besoin de proclamer l'innocence de la photographie ; d'assurer qu'une attitude d'agressivité serait incompatible avec les conditions que nécessite une bonne prise de vue ; d'émettre le vœu que l'on utilise à ce propos un vocabulaire mieux adapté et plus positif. Ansel Adams, qui qualifie l'appareil photographique d' « instrument d'amour et de révélation », fournit un des exemples les plus typiques de cette phraséologie. Adams voudrait également que l'on cesse de dire que l'on « prend », mais bien que l'on « fait » un cliché. Les « Equivalences » — c'est-à-dire l'écho de ses pensées intimes —, terme que Stieglitz employait à propos de ses études de nuages, réalisées vers la fin des années 1920 — témoignent d'une façon plus discrète des efforts constants des photographes pour affirmer la nature bienveillante ou débonnaire de la prise de vue et nier ses implications prédatrices. Certes il serait beaucoup trop simple de considérer sous ce seul aspect de la bienveillance ou de l'activité prédatrice le travail des photographes de talent. La photographie témoigne d'une façon exemplaire d'un rapport fondamentalement équivoque entre le moi et le monde ; et la notion même de réalisme s'accommode, tantôt d'un effacement de la personnalité devant les apparences du monde, tantôt d'un

139

comportement agressif du moi qui se fait gloire de se saisir de ces apparences. Sans cesse nous assistons à la défense ou à la redécouverte de l'un ou l'autre de ces deux aspects.

La coexistence effective des deux types de comportement — l'attaque de la réalité et la soumission à la réalité — fait que les *moyens* utilisés par la photographie, font sans cesse l'objet d'appréciations ambivalentes. La photographie, qui se prétend l'égale de la peinture en tant que forme d'expression personnelle, ne saurait cependant éviter que son originalité ne soit étroitement dépendante des possibilités d'action d'un appareil automatique : il est indubitable que les progrès constants dans ce domaine ont permis la réalisation d'un grand nombre de photographies, remarquables par leur beauté formelle ou par leur précision documentaire, comme les instantanés ultra-rapides d'Harold Edgarton, où l'on voit un projectile atteindre sa cible, ou les photographies endoscopiques de l'intérieur du corps humain réalisées par Lennart Nilsson. Toutefois, alors que les appareils deviennent de plus en plus sophistiqués et automatiquement précis, certains photographes sont tentés de refuser d'utiliser ces armes, ou prétendent qu'elles leur sont inutiles — et préfèrent se soumettre aux limites imposées par une technologie ancienne : ils estiment qu'un appareil plus rudimentaire, aux automatismes moins puissants, leur permettra d'obtenir des résultats plus intéressants, des images plus expressives, et facilitera les interventions d'un hasard créateur. Un bon nombre de photographes, et parmi eux Weston, Brandt, Evans, Cartier-Bresson, se sont fait un point d'honneur de ne pas se servir d'un équipement trop complexe — certains utilisaient un appareil usagé, de conception simple, de mise au point fort lente, dont ils avaient fait l'acquisition au début de leur carrière ; d'autres ne se servaient pour développer leurs clichés que de quelques bacs, un flacon de révélateur et un flacon d'hyposulfite.

L'appareil photographique c'est vraiment l'organe de la

« vision rapide », déclarait en 1918 Alvin Langdon Coburn, moderniste convaincu, faisant ainsi écho aux apologies futuristes de la machine et de la vitesse. On peut juger des incertitudes de l'époque actuelle par une récente déclaration de Cartier-Bresson qui estime que la photographie est sans doute *trop* rapide. Alternant avec le culte futuriste d'une vision de plus en plus rapide, on voit apparaître le désir d'un retour aux pratiques du passé, moins sophistiquées et plus artisanales — un temps où les réalisations gardaient encore cette qualité, cette aura d'un ouvrage où l'on sent la main. Ce regret nostalgique d'une période primitive de l'aventure photographique explique l'engouement qui se manifeste de nos jours pour les daguerréotypes, les vues stéréoscopiques, les cartes de visite illustrées, les photos de famille — et pour tous les travaux réalisés par d'obscurs photographes provinciaux du XIXe ou du début du XXe siècle.

Mais les photographes peuvent également exprimer leur admiration pour les œuvres du passé d'une autre façon, et sans doute plus intéressante, qu'une certaine réticence devant l'utilisation d'équipements nouveaux et perfectionnés. Les innovations techniques qui se succèdent sans cesse peuvent renforcer en réalité le goût qui se manifeste aujourd'hui parmi les photographes pour un certain « primitivisme ». Car nombre de ces perfectionnements, non seulement améliorent les possibilités qu'offrent les appareils, mais permettent également, sous une forme plus ingénieuse et moins encombrante, une plus grande simplicité dans la manipulation. Le développement progressif de la photographie a été marqué par le renoncement au procédé daguerréotype d'enregistrement direct sur plaque de métal ; et cela au profit du procédé du négatif-positif, qui permet de tirer un nombre illimité d'images positives à partir du cliché original. (Bien que les deux procédés aient été inventés simultanément vers la fin des années 1830, celui de Daguerre, que soutenait la monarchie et qui fit l'objet, en 1839, d'une très large publicité, fut le premier à être très largement utilisé, de préférence à celui du négatif-positif, inventé par Fox Talbot.) Et désormais on pourrait dire que l'appareil photographique retourne à ses origines : l'appareil polaroïd a repris le principe du daguerréotype, il produit l'image comme un objet unique. L'hologramme (image à trois dimensions obtenue grâce à un faisceau laser) pourrait passer pour une variante de l'héliogramme — qui permit à Nicéphore Niepce d'obtenir, dans les années 1820, les premières photographies réalisées sans appareil de prise de vue. Et l'utilisation, de plus en plus fréquente et populaire, des diapositives, images qui ne sont pas destinées à l'exposition et qu'on ne place pas dans le portefeuille ou dans un album, mais qui ne peuvent qu'être projetées sur une feuille de papier (comme le font les dessinateurs) ou sur un mur, nous ramène plus loin encore, jusqu'à la préhistoire de la photographie, car il s'agit d'utiliser en fait la lanterne de projection pour obtenir une image agrandie.

« Nous sommes entraînés par l'histoire vers l'ère du réalisme », déclarait Abbott, en invitant les photographes à y pénétrer eux-mêmes de plain-pied. Mais, sans cesser de s'exhorter mutuellement à faire preuve de hardiesse, les photographes semblent encore douter de la valeur du réalisme, ce qui fait qu'ils passent incessamment de la simplicité à l'ironie, de l'affirmation de la nécessité du contrôle à la recherche de l'imprévisible, de la volonté de tirer avantage des progrès techniques réalisés dans leur discipline au désir de réinventer la photographie en repartant de ses origines. Périodiquement, les photographes semblent tentés de rejeter les connaissances acquises pour réintroduire dans leurs travaux un élément de mystère.

Le problème des connaissances n'a pas figuré au premier plan des préoccupations de ceux qui se sont efforcés de soutenir la photographie. Les premières controverses portèrent sur la question de savoir si la reproduction fidèle des apparences et l'utilisation d'un mécanisme automatique ne devaient pas interdire de considérer la photographie comme une discipline artistique — et d'y voir plutôt une activité artisanale au service de la science et un profitable commerce. (Dès son origine, il était évident que la photographie fournissait des informations utiles et parfois surprenantes. Ce fut seulement lorsqu'elle fut reconnue comme un art authentique que les photographes se préoccupèrent de leurs propres connaissances et, dans un sens plus large, de la contribution que les photographies pouvaient apporter au savoir.) Pendant une centaine d'années, les plus ardents défenseurs de la photographie ont essayé de lui faire reconnaître cette qualité d'art authentique. Pour répondre aux arguments selon lesquels la photographie ne représentait qu'un procédé automatique et sans inspiration de reproduction des apparences, les photographes affirmaient qu'il s'agissait d'une rébellion hardie contre les normes habituelles de la vision, qui n'était pas moins digne que la peinture d'être considérée comme un art.

Les photographes ont nuancé de nos jours les formes de leur argumentation. La photographie étant désormais reconnue comme une discipline artistique respectée, ils ne cherchent plus à se couvrir de ce label de l'art que l'entreprise photographique dans son ensemble a parfois revendiqué. Alors que des photographes américains de valeur — comme Stieglitz, White, Siskind, Callahan, Lange, Laughlin — ont estimé que leurs travaux satisfaisaient pleinement aux normes de l'œuvre d'art, d'autres, plus nombreux, pensent qu'il s'agit là d'un faux problème. « Il importe peu de savoir s'il faut classer les réalisations photographiques dans la rubrique des œuvres d'art », assurait Strand dans les années 1920 ; et Moholy-Nagy déclarait : « Il n'est vraiment d'aucun intérêt de savoir si la photographie produit ou non des œuvres d'art. » Des photographes arrivés dans les années 1940, ou postérieurement, à une pleine maîtrise, critiquent plus ouvertement encore une conception artistique qu'ils considèrent comme une pure recherche de l'effet. Ce qu'ils prétendent faire, en général, c'est découvrir, fixer, observer impartialement, témoigner, analyser leur propre personnalité — mais en aucune façon réaliser des œuvres d'art. A l'origine, c'est l'attachement de la photographie au réalisme qui l'a placée dans une situation ambiguë par rapport à l'art ; aujourd'hui, c'est sa tradition moderniste. En se refusant à débattre du problème de savoir si la photographie est réellement un art, sauf pour affirmer que leurs travaux n'ont aucun rapport avec l'art, des photographes notoires montrent simplement à quel point ils acceptent une conception de l'art imposée par le triomphe du modernisme : l'œuvre aura d'autant plus de valeur qu'elle s'insurgera contre les buts traditionnellement assignés à l'art. Et le goût moderniste réserve le meilleur accueil à cette activité sans prétentions dont les produits, presque malgré elle, passent pour des œuvres d'art.

Au XIX⁰ siècle, alors que la photographie éprouvait de façon si évidente la nécessité de défendre ses positions parmi les beaux-arts, cette ligne de défense était loin déjà d'être tenue sans équivoque. Julia Margaret Cameron proclamait que la photographie est un art, puisque, à l'instar de la peinture, elle recherche la beauté, mais ensuite Henry Peach Robinson, reprenant une idée d'Oscar Wilde, estimait que la photographie est un art du fait qu'elle est capable de mentir. Au début du XX⁰ siècle, Alvin Langdon Coburn faisait l'éloge de la photographie qui lui semblait « le plus moderne des arts » à cause de sa vision rapide et impersonnelle, tandis que Weston louait la création visuelle personnalisée dont la photographie représentait l'instrument nouveau le plus adéquat. Au cours des plus récentes décennies, c'est la notion même de photographie d'art qui a cessé d'être utilisée comme argument décisif dans les polémiques. En fait, une bonne partie du très grand prestige dont bénéficie la photographie artistique provient de cette position ambiguë par rapport à la conception de l'art. Les photographes qui, à l'heure actuelle, assurent ne pas se soucier de faire des œuvres artistiques estiment en réalité qu'ils réalisent quelque chose de plus valable. Leurs dénégations ou reniements témoignent d'un discrédit qui affecte la notion même de l'art, mais ne nous renseignent guère sur la question de savoir si la photographie doit ou non être considérée comme un art.

En dépit des efforts des photographes contemporains pour exorciser le fantôme de l'art, celui-ci ne s'est pas totalement évanoui. Par exemple, lorsque les professionnels refusent que leurs clichés soient présentés en bordure de page dans les livres ou les magazines, ils se réfèrent à des modèles de présentation des œuvres d'une autre branche artistique : de même que les tableaux doivent être offerts à la vue dans un cadre, les photographies doivent être entourées d'un espace blanc. Autre exemple : de nombreux photographes ont encore une préférence marquée pour les images en noir et blanc, dont l'effet serait plus décoratif, plus délicatement impressionnant que celui des images en couleur — ou encore moins voyeuriste ou sentimental, ou d'une vivacité plus crue. Mais la véritable raison est encore une fois une comparaison implicite avec la peinture. Dans la préface de son recueil de photographies, *le Moment décisif* (1952), Cartier-Bresson justifiait son refus d'utiliser la couleur en invoquant des inconvénients techniques : la lenteur d'impression des négatifs couleur, qui limitait la vivacité des contrastes. Toutefois les progrès rapides de la technique de prise de vue en couleur au cours des vingt dernières années ont permis d'obtenir toutes les nuances de tonalité et la précision des contours souhaitables : Cartier-Bresson a donc dû renoncer à sa première argumentation. Reste qu'il invite encore les photographes à renoncer à la couleur, qu'il fait de cette renonciation une question de principe. Se ralliant au mythe persistant selon lequel, à la suite de l'invention de l'appareil photographique, la photographie et la peinture auraient délimité leur champ d'action et leur territoire respectifs, Cartier-Bresson estime que la couleur appartient au domaine propre de la peinture. Il recommande instamment aux photographes de résister à la tentation de franchir les limites du territoire qui leur est assigné.

Tous ceux qui s'efforcent encore de concevoir la photographie comme un art spécifique tentent d'une façon ou d'une autre d'en déterminer les limites. Mais il se révèle impossible de s'en tenir à un tracé défini : toute tentative visant à réserver à la photographie certains sujets ou l'usage de certaines techniques, même lorsque celles-ci ont pu conduire aux meilleurs résultats, fait finalement l'objet d'une remise en cause, ou est vouée à l'échec. La photographie est tout naturellement une manière de voir spécifique et familière qui, utilisée par une personnalité de talent, devient un instrument infaillible de création. (« Un photographe expérimenté, observe John Szarkowski est capable de photographier n'importe quoi en obtenant un très bel effet. ») De là, la longue polémique concernant les rapports de cette activité avec l'art, qui était conçu, jusqu'à une période récente, comme le produit d'une vision sélective ou « purifiée », et devait se soumettre à des normes de création qui font de l'œuvre accomplie un objet rare et recherché. Les photographes n'ont donc pas renoncé aisément à tenter d'établir des critères permettant de discerner à coup sûr une photographie de valeur. L'histoire de la photographie enregistra ainsi des séries de controverses entre partisans de deux conceptions opposées — la prise de vue franche et directe ou la prise de vue soignée et composée, la photographie picturale s'opposant à la photographie documentaire — et chaque fois se posait le problème des rapports existant entre l'art et la photographie : la vocation indéfiniment boulimique de cette dernière ne devait-elle pas s'opposer à toute tentative de délimitation ? Depuis peu, on reconnaît généralement que ce genre de controverse est passé de mode, ce qui semblerait indiquer que la question a été réglée. Il paraît néanmoins exclu que la photographie ait définitivement renoncé à être considérée comme un art.

Aussi longtemps qu'elle sera conçue, non seulement comme un désir vorace de voir, mais comme une manière de voir spécifiquement distincte, les photographes, même s'ils se refusent à le reconnaître, chercheront à prendre place dans le vaste édifice des arts, contesté mais encore prestigieux.

Les photographes qui pensent échapper aux prétentions artistiques de la peinture nous rappellent les peintres expressionnistes abstraits qui espéraient, par leur manière de peindre, en traitant la toile comme un champ d'action plutôt que comme un objet, échapper à toutes les limitations de l'art. Et le prestige dont a bénéficié récemment une photographie artistique a été fondé sur la convergence de ses objectifs avec ceux de la peinture et de la sculpture les plus modernes [1]. Le goût apparemment insatiable pour les photographies qui se manifeste en ces années soixante-dix ne procède pas simplement du plaisir de découvrir et d'explorer les possibilités d'une forme d'art relativement négligée ; sa ferveur provient pour une part du désir de réaffirmer un refus de l'art abstrait, refus dont le message de la sensibilité pop des années soixante avait été chargé. Des sensibilités lassées de la tension

1. Evidemment, ce ne sont pas là, pour la photographie, des objectifs récents. Car les pratiques, désormais reconnues et familières, qui affirment leur préférence pour la rencontre imprévue au lieu de la composition laborieuse, pour les situations fortuites ou les objets trouvés plutôt que les projets élaborés, pour la décision rapide plutôt que l'effort prolongé, ont pris modèle sur la création immédiate de la photographie par l'intermédiaire d'un appareil automatique. La photographie a pour la première fois suscité et contribué à répandre cette conception d'un art qui ne serait pas le produit d'un long et difficile enfantement mais d'une rencontre occasionnelle (selon la théorie du « rendez-vous » de Duchamp). Mais les photographes professionnels se montrent, sur ce point, beaucoup moins catégoriques que ceux qui pratiquent d'autres arts contemporains influencés par la théorie de Duchamp, et ils se hâtent en général de préciser que la décision instantanée suppose une longue formation de la sensibilité et de la façon de voir ; ils ne manquent pas d'insister sur le fait que la prise de vue sans effort n'empêche nullement une préparation aussi élaborée de la part du photographe que celle que réclame la réalisation d'un tableau.

mentale qu'exige l'art abstrait, ou soucieuses de l'éviter, éprouvent un vif soulagement à accorder plus d'attention aux photographies. La peinture moderniste exige une éducation affinée du regard et une connaissance familière d'autres formes artistiques et de certaines notions d'histoire de l'art. La photographie, de même que l'art pop, rassure les spectateurs, en leur montrant que l'art est chose facile : elle semble s'intéresser à des sujets précis beaucoup plus qu'à l'art même.

La photographie, pressée de faire descendre de son piédestal l'imposante culture du passé, véhicule le goût moderniste dans sa version pop : braquant son objectif sur des tessons, des bricoles, sur n'importe quoi, elle a connu des réussites exceptionnelles dans sa recherche consciente du vulgaire, sa prédilection pour le kitsch, son aptitude à concilier d'ambitieuses tendances d'avant-garde avec des impératifs commerciaux, sa condescendance affectée à l'égard d'un art considéré comme élitiste, snob, réactionnaire, affecté, artificiel, sans rapport avec les plates réalités de la vie quotidienne, et dans ses possibilités de transformer des œuvres d'art en des documents culturels. En même temps la photographie a été peu à peu affectée par la prise de conscience et par les angoisses des zélateurs du modernisme. De nombreux photographes professionnels estiment désormais que ces tendances populistes les ont entraînés trop loin et que le public risque d'oublier que la photographie est, après tout, une activité noble et exaltante — autrement dit, un art véritable. Car on trouve toujours un joker dans ce jeu moderniste de la promotion d'un art naïf : la pratique, plus ou moins dissimulée, de la sophistication.

Il faut voir sans doute autre chose qu'une coïncidence dans le fait qu'au moment où les photographes cessaient de se demander si leur pratique était réellement un art, le grand public lui reconnaissait cette qualité et la photographie faisait son entrée dans les musées. Cette consécration de la photographie comme un art de musée achevait triomphalement une campagne que le goût moderniste conduisait depuis un siècle en faveur d'une définition de l'art très largement ouverte. La photographie avait offert dans cette perspective un terrain beaucoup plus favorable que celui de la peinture. Non seulement toute distinction entre amateur et professionnel, entre forme originaire et forme sophistiquée, était plus difficile à établir dans le cadre de la photographie que dans celui de la peinture — mais des distinctions de ce genre n'avaient guère de signification. Comment distinguer une différence caractéristique entre la photographie commerciale ou simplement utilitaire et celle qui est pratiquée par les plus talentueux professionnels ? Certaines prises de vues d'amateurs anonymes sont tout aussi intéressantes, tout aussi complexes et représentatives d'une photographie de qualité que les travaux d'un Stieglitz ou d'un Evans.

Sous-jacente à une prédilection contemporaine pour la photographie et laissant prévoir un développement indéterminé de ce goût, on distingue cette réalité, surprenante au premier abord et devenue apparemment évidente, qu'il n'existe, issue de sources diverses, qu'une seule production traditionnelle de la photographie, ininterrompue et interdépendante. Pour qu'on puisse reconnaître ce fait, il fut nécessaire que des historiens s'intéressent à l'évolution de la photographie, qu'elle attire l'attention des conservateurs d'œuvres d'art et que des expositions soient régulièrement organisées dans des galeries ou dans des musées. Les choix effectués par les musées ne favorisent aucun style en particulier : ils présentent plutôt la photographie sous la forme de séries de dessins ou de styles appartenant à une période déterminée, et qui n'offrent pas d'aspects contradictoires en dépit de leurs différences. Mais tandis que ces présentations ont obtenu un vif succès auprès du public, la réaction des photographes professionnels a souvent été mitigée. Nombre d'entre eux, tout en se félicitant de cette légitimité nouvelle dont bénéficiait la photographie, appréhendaient de voir leurs réalisations les plus ambitieuses commentées et comparées à des images de toute provenance, du photo-reportage aux clichés scientifiques et à la photo de famille — et ils craignaient que la photographie ne fût ainsi ramenée au rang d'une activité banale et vulgaire : un simple métier.

Le mélange de photographies fonctionnelles, répondant à des besoins pratiques, souvenirs, commandes commerciales, etc., avec des réalisations dont l'objectif est fort différent, pose en fait un tout autre problème que celui de la dévalorisation de la photographie considérée comme artistique ; cette façon de procéder dénature les caractéristiques de la plupart des photographies. On utilise plus souvent un appareil photographique pour faire ressortir les formes naïves ou les contours d'une image visuelle. Mais, dans le contexte d'un musée ou d'une galerie, les photographies cessent de reproduire leurs sujets d'une manière aussi directe, le spectateur y verra des études sur les qualités et les possibilités de la photographie. L'accueil de la photographie dans les musées en fait paraître les résultats plus aléatoires, selon la voie suivie par un petit nombre de photographes avertis, qui mettent précisément en cause les aptitudes de l'appareil à rendre compte des réalités. Les collections éclectiques et disparates exposées dans les musées ont pour effet de faire mieux ressortir le subjectivisme arbitraire de toutes les photographies, y compris celles dont l'aspect est le plus directement descriptif.

Les expositions de photographies sont de nos jours aussi fréquentes dans les musées que celles qui sont consacrées à des célébrités de la peinture. Mais le rôle du photographe est fort différent de celui du peintre, en ce sens que, dans la plupart des prises de vues sérieusement réfléchies, ce rôle est manifestement en retrait et à peu près sans aucun rapport avec l'utilisation habituelle des images. Pour peu que nous soyons intéressés par le sujet représenté, nous attendons que la présence du photographe se manifeste avec une extrême discrétion. Ainsi, la difficulté de distinguer si le travail d'un photographe est supérieur à celui d'un autre est à la base du succès du photo-reportage — sauf dans les cas où l'opérateur s'est spécialisé dans le traitement d'un sujet très particulier. L'impact émotionnel des photographies tient à leur qualité d'images ou de copies des réalités, et non pas à la personnalité consciente d'un artiste. Les qualités qui sont exigées avant tout des prises de vues ayant un caractère scientifique ou industriel, utilisées par la presse, par l'armée, par la police, ou qui présentent un intérêt familial, sont les suivantes : qu'elles soient un témoignage, un moyen de reconnaissance et d'information — ce qui exclut que la trace de la vision personnelle de l'opérateur vienne interférer avec le sens de l'image.

Il est logique qu'une signature figure au bas d'un tableau, alors qu'il peut paraître de mauvais goût de signer une prise de vue. Par sa nature même, la photographie implique l'existence d'un rapport équivoque entre l'œuvre et son *auteur* : plus les travaux d'un photographe de talent sont importants, variés, et plus ils semblent acquérir une valeur qui leur est propre et comme indépendante de la personnalité du réalisateur. Un grand nombre de clichés, œuvres de photographes célèbres, ne se distinguent en aucune façon des travaux réalisés par n'importe quel photographe de talent à la même époque. Pour qu'un style soit aisément reconnaissable, il doit porter la marque de caractéristiques formelles très particulières — comme les clichés surexposés de Told Walker ou les séquences narratives de Duane Michals — ou la présence continue et obsessionnelle d'un certain thème — comme les nudités masculines d'Eakins, ou les réminiscences d'un Sud d'une époque ancienne de Laughlin. Les travaux de photographes qui ne se cantonnent pas dans des limites formelles aussi étroites sont loin d'être aussi spécifiquement personnalisés que les œuvres réalisées dans d'autres disciplines artistiques. Même dans les carrières d'artistes où l'on distingue des périodes et des changements de style particulièrement évidents — pensons à Picasso, à Stravinski —, une certaine unité dans les préoccupations semble manifeste, qui permet rétrospectivement de rattacher l'une à l'autre les différentes périodes. La connaissance de l'œuvre d'ensemble permet de comprendre comment le même compositeur a pu écrire *le Sacre du printemps,* le concerto de Dumbarton Oaks et les compositions dodécaphoniques de la dernière période ; on y retrouve partout la touche personnelle de Stravinski. Mais aucune caractéristique interne ne peut permettre de reconnaître que certaines études de mouvements chez l'homme et chez l'animal, des documents photographiques rapportés d'expéditions en Amérique centrale, des études sur l'Alaska et la Yosemite Valley patronnées par les services officiels, et les séries de « Nuages » et d' « Arbres », ont été réalisés par un même photographe, qui fut cependant parmi les plus remarquables et les plus originaux. Saurait-on qu'il s'agit là de l'œuvre de Muybridge, qu'on ne parviendrait toujours pas à relier entre elles ces différentes séries — tout en y reconnaissant la cohérence d'un style. De même, la manière dont Atget photographiait des arbres ne pouvait laisser prévoir celle qu'il utiliserait pour photographier des devantures de boutiques parisiennes ; pas plus qu'on ne saurait trouver un rapport entre les portraits de Juifs polonais réalisés par Roman Vishniac dans la période d'avant-guerre et les travaux de microphotographie scientifique auxquels il s'est consacré depuis 1945. En photographie, le sujet a toujours une importance prédominante ; et des sujets différents restent irrémédiablement séparés, si bien qu'en dépit de la signature on ne parvient pas à rattacher l'une à l'autre des différentes périodes d'une œuvre importante.

En fait, la reconnaissance d'un style photographique cohérent — pensons à l'éclairage plat et à la blancheur de l'arrière-plan des portraits d'Avedon, à la grisaille particulière des rues de Paris photographiées par Atget — semble tenir à l'utilisation d'un même type d'équipement. Et, pour ce qui est du goût du spectateur, le rôle que joue le sujet paraît toujours le plus important. La préférence accordée à une photographie par rapport à une autre signifie rarement que l'on a surtout pris en considération la qualité formelle, même si ces images, isolées du contexte original où elles s'inséraient, sont examinées comme des œuvres d'art. Quand on regarde des documents de la façon la plus ordinaire, une préférence indique presque toujours qu'on apprécie une certaine atmosphère, qu'on admire certaine intention, ou que le sujet nous intrigue, qu'il nous inspire quelque regret nostalgique. L'appréciation purement formaliste en matière de photographie ne saurait expliquer le pouvoir évocateur de la chose photographiée, ni que l'intérêt suscité par l'image soit d'autant plus vif qu'elle se situe dans un monde culturel différent et dans un passé plus lointain.

Il semble néanmoins logique que le goût contemporain pour la photographie s'oriente dans une direction assez largement formaliste. Bien que le côté naïf ou naturel du sujet soit préservé mieux que dans toute autre branche d'un art de représentation, les situations multiples dans lesquelles on examine les photographies viennent compliquer et éventuellement affaiblir la prédominance du sujet sur l'effet purement formel. Il devient impossible de faire la distinction entre des éléments subjectifs et les formes objectives, entre ce qui apparaît et ce que l'on peut supposer. La valeur reconnue à une photographie dépendra toujours de la relation avec son sujet, du fait qu'elle représente quelque chose ; mais, parce qu'elle revendique la qualité de discipline artistique, la photographie doit mettre l'accent sur la qualité subjective de la vision. Le jugement esthétique porté sur les photographies repose sur une équivoque ; ainsi s'explique que le goût manifesté pour la photographie soit extrêmement changeant et paraisse toujours être sur la défensive.

Pendant une courte période — disons à partir de Stieglitz jusqu'à l'achèvement de l'œuvre de Weston —, on a pu croire qu'une base solide était établie, permettant d'apprécier l'image photographique : qualité sans défaut de l'éclairement, habileté de la composition, identification claire du sujet, précision de la mise au point, perfection du rendu. Mais cette conception, attribuée généralement à Weston, et qui faisait appel à des critères essentiellement techniques pour juger de la valeur d'une photographie, se trouve désormais en faillite. (Le jugement défavorable porté par Weston sur l'œuvre remarquable d'Atget, jugé « mauvais technicien », en montre les limites.) Mais quel genre de conception est venue se substituer à celle de Weston ? Une conception beaucoup plus large : les critères de jugement, désormais, sont tels que l'on considère une photographie beaucoup moins comme un objet fini (une réalisation « séparée ») que comme un témoignage, qui se veut exemplaire, de la « vision photographique ». L'œuvre réalisée par Weston se situerait évidemment dans le cadre de cette vision photographique, mais y seraient également inclus un grand nombre de photos anonymes, d'instantanés, mal exposés, mal cadrés, qui se trouvaient précédemment rejetés en raison de leurs défauts de composition. Cette conception nouvelle vise à libérer la photographie artistique des normes contraignantes de la perfection technique — à la libérer également des contraintes de la beauté. Elle permet le développement d'un goût englobant la totalité des images, aucune d'elles ne pouvant être disqualifiée en raison de son sujet, ou d'une absence de sujet, en raison de sa technique, ou d'une absence de technique.

Si en principe le mode de vision photographique convient à n'importe quel sujet, on en est venu à admettre qu'il apparaît avec plus d'évidence quand il est appliqué à des sujets marginaux ou triviaux. Les choix se portent donc de préférence sur des sujets banals ou ennuyeux. Du fait que le sujet ne nous touche pas, il sera mieux à même de faire ressortir la qualité de « vision » de l'appareil photographique. Irving Penn, très connu pour de remarquables photographies de personnages célèbres et collaborateur attitré de magazines de mode et d'agences de publicité, fut convié à exposer, en 1975, au Museum of Modern Art, où il présenta une série de gros plans sur des mégots de cigarettes. « On peut penser, déclara John Szarkowski, directeur du Département de photographie du musée, que Penn ne s'intéresse que d'une façon très accessoire au sujet même de ses images. » A propos des travaux d'un autre photographe, Szarkowski écrivait ceci : « Ses sujets retiennent justement l'attention du fait qu'ils sont profondément banals. » De tels principes, si importants dans les conceptions modernistes — que l'objet soit seulement « nommé » ou simplement « banal » —, jouent désormais un grand rôle pour l'admission des œuvres photographiques dans les musées. Mais cette démarche, qui réduit l'importance du sujet, relâche en même temps les liens qui peuvent le rattacher à la personnalité d'un photographe. Les nombreuses expositions et rétrospectives que les musées consacrent de nos jours à l'œuvre de photographes individuels sont loin d'épuiser cette vaste matière de la vision photographique considérée dans son ensemble. La photographie, pour être légitimement reconnue comme un art, doit mettre en valeur la qualité d'*auteur* du photographe et celle d'une œuvre distincte représentée par l'ensemble de ses travaux. Ces idées directrices s'appliquent plus aisément aux réalisations de certains photographes. Elles conviennent mieux, par exemple, à celles de Man Ray qui, par leur style et leurs objectifs, se rapprochent des normes de la peinture, qu'à celles de Steichen, dont l'œuvre comporte des images abstraites, des portraits, des clichés publicitaires, des présentations de mode et des photographies de reconnaissance aérienne réalisées dans l'armée au cours des deux guerres mondiales. Mais les significations attribuées à une photographie, considérée comme faisant partie d'une œuvre distincte, sont difficilement conciliables avec les critères qui s'appliquent à la vision photographique prise dans son ensemble. Nécessairement, la première démarche conduira à tenir compte de préférence des significations nouvelles que revêt une image quand on la rapproche des réalisations d'autres photographes —

que ce soit dans une anthologie imaginaire, dans les salles d'un musée ou sur les pages d'un ouvrage.

Ces anthologies se proposent de former le goût du public en matière de photographie, d'enseigner une manière de voir qui s'applique sans distinction à n'importe quel sujet. Lorsque Szarkowski déclare que les usines à gaz, les salons déserts et autres sujets peu attrayants sont « des modèles de réalités au service de l'imagination du photographe », il veut faire entendre qu'il s'agit là de sujets idéaux pour la vision photographique. Les critères de la vision photographique, ostensiblement neutres et attachés à la beauté formelle, sont en réalité chargés de notions préférentielles concernant les sujets et le style. La revalorisation de photographies du XIXe siècle, naïves ou prises au hasard, notamment de simples photos-souvenirs, est due pour une part à leur style de clichés rapides, corrigeant le style adouci et « pictural » à travers lequel, depuis Cameron jusqu'à Stieglitz, la photographie s'était efforcée de se faire reconnaître comme un art. Toutefois, les normes de la vision photographique n'exigent nullement un attachement exclusif à un style de vision rapide. Libérées des conceptions périmées d'une esthétique de charme, les réalisations importantes en photographie peuvent aussi bien satisfaire au goût pour la photographie picturale qu'à celui de l'abstraction, ou celui de sujets élevés, plutôt qu'à une prédilection marquée pour les mégots de cigarettes, les usines à gaz et les silhouettes qui tournent le dos.

Le vocabulaire permettant de définir la valeur des photographies est, d'une façon générale, d'une extrême pauvreté. Il emprunte le plus souvent ses termes au langage de la peinture : composition, éclairement, etc. Il s'agit plus fréquemment encore d'appréciations d'un vague affligeant : on dit que des photographies sont raffinées, dignes d'intérêt, vigoureuses, complexes ou simples, ou

156

encore — expression à la mode — abusivement simples.

La pauvreté de ce langage n'est nullement fortuite : elle résulte de l'absence d'une riche tradition critique en matière de photographie. Et cet état de choses tient à la nature même de la photographie, pour autant qu'elle est considérée comme un art. La photographie fait appel à l'imagination et aux critères du goût selon des processus très différents de ceux qui ont cours en peinture, à tout le moins dans sa conception traditionnelle. En fait, on ne distingue pas une bonne photographie d'une mauvaise de la même façon qu'on établit une différence entre un bon et un mauvais tableau. Le jugement du connaisseur sur la valeur esthétique d'un tableau s'appuie invariablement sur un rapport organique avec l'ensemble d'une œuvre ayant sa propre autonomie, et avec l'influence des courants et des traditions iconographiques ; en photographie, l'ensemble des travaux attribués à une même individualité ne possède pas nécessairement une cohérence interne, et les rapports existant entre un photographe et les différentes écoles qui pratiquent son art paraissent beaucoup plus superficiels.

L'originalité est un critère d'appréciation dont il est fait usage en peinture comme en photographie. La valeur des tableaux ou des photographies est souvent reconnue du fait qu'ils imposent de nouveaux schémas formels ou modifient les symboles du langage visuel. La qualité de présence, que Walter Benjamin considérait comme caractéristique de l'œuvre d'art, représente un autre critère qui s'applique aux deux disciplines. Benjamin estimait qu'une photographie, copie réalisée à l'aide d'un processus automatique, ne pouvait avoir une présence réelle. On pourrait répondre toutefois que les expositions dans les musées et les galeries, élément désormais déterminant de la formation du goût en matière de photographie, ont révélé que les reproductions photographiques possèdent réellement une certaine forme d'authenticité. D'autre part, bien que la qualité d'une prise de vue s'apprécie de toute autre façon que celle d'un tableau, il existe une importante différence qualitative entre ce que l'on appelle les *originaux* — c'est-à-dire les images tirées du négatif au moment de sa première impression et qui correspondent à un certain stade de la technologie photographique, et les séries d'images obtenues postérieurement à partir du même cliché. (Les plus célèbres images que l'on voit d'ordinaire dans des livres, des journaux, des magazines, etc., sont tout simplement des photographies de photographies ; les originaux, qui ne sont visibles que dans des musées ou des galeries, procurent un plaisir visuel que des reproductions sont incapables de transmettre.) Le mécanisme de la reproduction mécanique a pour effet, estimait Benjamin, « de placer la copie dans des situations où l'original n'aurait pu se trouver ». Mais, pour autant qu'il soit encore possible de parler de l'aura d'une toile de Giotto exposée dans un musée, où elle a été elle aussi arrachée à son contexte original « pour rencontrer le spectateur à mi-chemin » (dans le sens strict où Benjamin conçoit l'aura, cette situation devrait la lui faire perdre), on pourra dire qu'une photographie d'Atget, imprimée sur le papier qu'il utilisait, désormais introuvable, possède encore une aura.

La véritable différence existant entre l'aura d'un tableau et celle d'une photographie provient des effets du temps. Les tableaux souffrent du passage du temps, alors qu'une part de l'intérêt que l'on porte aux photographies, et de la valeur esthétique qui leur est reconnue, provient précisément du passage du temps, de la façon dont elles échappent ainsi aux premières intentions de leur réalisateur. Quand suffisamment de temps a coulé, de nombreuses photographies acquièrent une aura. (Le fait que les photographies en couleur ne vieillissent pas de la même façon que les photographies en noir et blanc pourrait pour une part expliquer que, jusqu'à une date récente, les images colorées n'aient pas été particulièrement appréciées par les amateurs les plus compétents. La patine du temps semble ne pas avoir de prise sur les nuances froides des coloris.) Alors que des tableaux ou des poèmes ne nous paraissent pas plus remarquables du seul fait de leur ancienneté, n'importe quelle photographie, pour peu qu'elle soit suffisamment ancienne, nous paraîtra aussi bien touchante que digne d'intérêt. Ne pourrait-on dire finalement qu'il ne saurait y avoir de mauvaises photographies — mais simplement que certaines sont moins intéressantes, moins pertinentes, moins chargées de mystère ? L'accueil de la photographie dans les musées ne fait qu'accélérer ce processus du passage de la durée qui confère de la valeur à n'importe quelle image.

Le rôle joué par les musées dans la formation du goût contemporain pour la photographie ne doit pas être sous-estimé. Ce ne sont pas les musées qui décident si un document est bon ou mauvais, mais ils permettent de regarder toutes sortes de photographies dans des situations nouvelles. Ils ne créent pas des normes de valeur et ils tendent en fait à les supprimer. Pour juger de la valeur d'une œuvre photographique ancienne, on ne saurait prétendre que l'exposition dans les musées ait donné naissance à des critères bien définis, comme ce fut le cas pour la peinture. Même s'il paraît favoriser un goût spécifique très particulier, le musée détruit l'idée même qu'il y ait un goût qui ait valeur de norme en matière de photographie. Il a pour rôle de montrer qu'il n'existe pas de goût immuable, qu'il n'y a pas de tradition canonique qui permette d'apprécier une œuvre.

La mobilité continuelle de la Grande Tradition photographique ne s'explique pas par le fait qu'il s'agit là d'un art nouveau, aux positions encore incertaines — elle tient à la nature même du goût en la matière. On y redécouvre les choses à une cadence beaucoup plus rapide que dans n'importe quelle autre branche des arts. Illustrant une règle du goût artistique clairement énoncée par T. S. Eliot, selon laquelle chaque œuvre nouvelle modifie notre perception de l'héritage du passé, les réalisations nouvelles modifient notre manière de voir et d'apprécier les photographies anciennes. (L'œuvre d'Arbus, par exemple, nous permet de mieux apprécier l'importance de celle de Hine, photographe qui s'était attaché précédemment à faire ressortir l'inquiétante dignité des victimes de l'existence.) Mais les variations du goût contemporain ne reflètent nullement des processus de réévaluation aussi nets. Elles font ressortir plus communément les valeurs complémentaires de thèmes et de styles parfaitement antithétiques.

Depuis plusieurs décennies s'était développée de façon prédominante dans la photographie américaine une réaction contre le « westonisme » — c'est-à-dire contre une photographie contemplative, ou considérée comme une exploration visuelle et personnalisée des aspects du monde, sans aucune préoccupation sociale évidente. A la perfection technique des photographies de Weston, à la beauté calculée de celles de White et de Siskind, à l'ironie très personnelle de Cartier-Bresson, était venue s'opposer une photographie plus naïve et plus directe, au moins dans ses intentions — si bien qu'elle pouvait paraître hésitante, voire maladroite. Mais, en matière de photographie, le goût est loin d'être aussi étroitement linéaire. Bien que la photographie sans apprêt ou considérée comme un document sur la société n'ait nullement cessé d'être en faveur, le style que pratiquait Weston paraît de nouveau apprécié ; comme s'il s'était écoulé assez de temps pour que cette œuvre ne donne plus l'impression de se situer à contre-courant ; comme si, par l'élargissement considérable de la notion de naïveté, critère essentiel du goût en matière de photographie, l'œuvre de Weston paraissait elle-même naïve.

Il n'existe aucune raison valable, en fin de compte, d'affirmer que l'œuvre d'un photographe contrevient aux normes de l'esthétique. On assiste à l'heure actuelle à une redécouverte de photographes appartenant à une période picturaliste longtemps méprisée, comme Oscar Gustav Rejlander, Henry Peach Robinson et Robert Demachy. La photographie a le monde entier pour sujet, elle peut ainsi satisfaire n'importe quelle sorte de goût. En littérature, le goût est exclusif : le succès des courants de poésie moderniste a permis de mieux apprécier Donne, mais il a rabaissé Dryden. On peut se permettre en littérature d'être éclectique jusqu'à un certain point, mais on ne saurait tout aimer. En photographie, l'éclectisme n'a pas de limites. De plates photographies des années 1870 (ayant valeur de témoignage) représentant des enfants délaissés dans une institution londonienne, appelée le Foyer du Dr Barnardo, nous touchent tout autant que les complexes portraits de notables écossais réalisés, dans les années 1840, par David Octavius Hill, comme des compositions artistiques. La clarté des images « modern style » de Weston n'est nullement discréditée par l'ingénieuse et récente revalorisation du flou pictural, par exemple, lancée par Benno Friedman.

Tout amateur de photographie n'en a pas moins ses préférences. Par exemple, la plupart des connaisseurs expérimentés préfèrent de nos jours Atget à Weston. Mais, étant donné la nature même de la photographie, nul n'est vraiment contraint de choisir ; et ce genre de préférence est souvent l'expression d'une simple réaction personnelle. Dans ce domaine le goût a tendance à être — sans doute ne peut-il en être différemment — éclectique, global, tolérant ; il en arrive ainsi en fin de compte à rejeter toute discrimination entre bon et mauvais goût. C'est pourquoi toutes les tentatives des critiques pour établir un canon du goût portent la marque de l'ingénuité ou de l'ignorance. Les controverses comportant des jugements de valeur sur des images photographiques ont toujours un certain caractère artificiel, que l'accueil de la photographie dans les musées a fortement contribué à faire reconnaître. Les musées valorisent, en les mettant sur le même plan, toutes les écoles de photographie. En fait, il paraît même illogique de parler d'écoles. Ces mouvements ont une existence et un rôle spécifiques dans l'histoire de la peinture : ils aident à mieux saisir les caractéristiques des peintres qui s'y rattachent. Mais, dans l'histoire de la photographie, les mouvements sont éphémères, accessoires, parfois tout à fait superficiels, et l'adhésion à l'un d'entre eux d'un photographe de premier plan ne permettra pas d'avoir une meilleure compréhension de son œuvre. (Pensons à Stieglitz et à la *Photo-Secession*, à Weston et à *f 64*, à Renger-Patzsch et à la *Nouvelle Objectivité*, à Walker Evans et au *Programme de la Farm Security Administration*, à Cartier-Bresson et à *Magnum*.) Il semble qu'il y ait une confusion à la base du groupement des photographes en mouvements ou en écoles, qui proviendrait une fois encore d'un inévitable et trompeur rapprochement entre la photographie et la peinture.

Le rôle capital que jouent désormais les musées dans la formation et la clarification du goût en matière de photographie semble marquer le début d'une nouvelle et irréversible orientation. Tout en faisant montre d'une préférence contestable pour le profondément banal, les musées, en exposant les œuvres essentielles du passé, présentent dans une perspective valorisante toute l'histoire de la photographie. Il n'est pas surprenant que les critiques et les photographes se montrent pleins d'anxiété. Dans les plus récents plaidoyers en faveur de la photographie, on voit poindre la crainte que la photographie artistique ne soit déjà frappée de sénilité, parmi les décombres de mouvements sans portée aucune que le conservateur ou l'historien n'auraient plus qu'à recenser... (Et cela pendant que le prix des photographies anciennes et nouvelles ne cesse de monter en flèche !) Que ce découragement se manifeste au moment où la photographie est le plus largement répandue n'est pas surprenant, car la portée réelle du triomphe de la photographie d'art, ou de la photographie sur l'art, n'a pas été réellement comprise.

La photographie, au départ, a fait figure d'activité en quelque manière usurpatrice ; elle empiétait sur le domaine d'un art bien accrédité, la peinture, et semblait devoir le limiter. Pour Baudelaire, la photographie était « l'ennemie mortelle » de la peinture ; mais il semble que, par la suite, un armistice ait été conclu, aux termes duquel la photographie devait être considérée comme tendant à « libérer » la peinture. Weston, reprenant une formule couramment utilisée pour apaiser les appréhensions des peintres, écrivait en 1930 : « La photographie a déjà rejeté au néant toute une partie de la peinture, et elle continuera — et les peintres devraient lui en être profondément reconnaissants. » Libérée par la photographie du travail ingrat d'une reproduction fidèle, la peinture pouvait se consacrer à la tâche plus noble de la figuration abstraite [1]. En fait, ce pacte imaginaire qu'au-

---

1. La photographie, selon Valéry, aurait rendu le même service à la littérature : elle aurait montré à quel point la prétention du langage « à transmettre la notion d'objet visuel avec une quelconque précision » était « illusoire ». Mais les écrivains ne devraient pas redouter que la photographie « restreigne en fin de compte l'importance de l'art d'écrire et se substitue à lui », déclarait l'écrivain dans « Centenaire de la photographie » (1939).

« Si la photographie, écrivait-il, décourage la description, elle nous rappelle, à nous écrivains, les limites du langage et nous indique qu'il convient d'utiliser nos outils dans un sens plus conforme à leur vraie nature. La littérature se purifie lorsqu'elle laisse à d'autres modes d'expression et de production les tâches qu'ils peuvent plus efficacement accomplir, pour se consacrer à des fins auxquelles elle est seule à même de satisfaire... L'une est le perfectionnement du langage qui construit ou expose la pensée abstraite, l'autre l'exploration de toutes les formes de structures et de résonances poétiques. »

L'argumentation de Valéry n'est pas convaincante. On peut dire qu'une photographie évoque, montre ou présente, mais, à proprement parler on ne saurait prétendre qu'elle « décrit » : le langage seul peut décrire, exprimant une action qui se déroule dans le temps. Valéry suggère, pour prouver la justesse de son argumentation, que l'on ouvre un passeport : « La description griffonnée là n'est en aucune façon comparable à l'instantané qui s'y trouve accolé. » Mais il s'agit, en ce cas, de la manière de décrire la plus plate et la moins riche de signification. On trouvera, chez Dickens ou chez Nabokov, des passages qui dépeignent un visage ou une partie du corps mieux que n'importe quelle photographie. Et Valéry n'apporte nullement la preuve de l'infériorité de la littérature quand il s'agit de décrire, lorsqu'il déclare : « L'écrivain qui dépeint les traits d'une personne ou d'un paysage, quel que puisse être son talent, suggérera autant de visions différen-

raient conclu la peinture et la photographie a constamment servi de thème de référence aux historiens et aux critiques en matière de photographie. Une bonne partie de l'histoire de la peinture et de la photographie a été faussée par cette légende. La manière dont l'objectif de l'appareil photographique fixe les apparences du monde extérieur a donné aux peintres l'idée d'utiliser de nouvelles compositions picturales et de nouveaux sujets : suscitant ainsi une certaine prédilection pour les aspects fragmentaires et les plus humbles spectacles de la vie, ou pour des études de mouvements et d'effets de lumière. La peinture ne s'est pas seulement tournée vers l'abstraction, elle s'est assimilé l'objectif photographique ; elle est devenue, selon les termes utilisés par Mario Praz, télescopique, microscopique et photoscopique dans sa structure. Mais les peintres n'ont jamais complètement renoncé à l'imitation des effets réalistes de la photographie. Et celle-ci, loin de se cantonner dans un mode de représentation réaliste, en abandonnant aux peintres le domaine de l'abstraction, n'a jamais cessé de suivre — pour s'en inspirer — toutes les recherches antinaturalistes de la peinture.

D'une façon plus générale, ce pacte imaginaire fait bon marché de la productivité dévorante de l'entreprise photographique. Dans les échanges qui se produisent entre peinture et photographie, cette dernière a toujours eu une position dominante. On trouve assez naturel que des

---

tes qu'il aura de lecteurs. » On peut en dire autant de la photographie.

De même que les écrivains pouvaient croire que les photographies les avaient libérés de l'obligation de décrire, fréquemment on a pu penser que les images mobiles des films remplaçaient avantageusement les récits détaillés des conteurs d'histoires — ce qui, selon certains, devait permettre aux romanciers de se consacrer à des tâches différentes et moins réalistes. Présenté sous cette forme, l'argument peut paraître plus plausible, étant donné que le film est une forme artistique ayant une dimension temporelle. Toutefois, il est incapable de rendre compte des rapports réels et des différences qui existent entre les romans et les films.

peintres, depuis Delacroix et Turner jusqu'à Picasso et Bacon, aient utilisé des photographies pour mieux parvenir à leurs fins, mais aucun photographe n'attendrait que la peinture lui rende un service de ce genre. Des photographies peuvent être incorporées ou reproduites dans un tableau (ou donner lieu à des combinaisons, à des collages) ; mais la photographie s'incorpore l'art tout entier. Une expérience visuelle de la peinture nous aide sans doute à mieux regarder les photographies. Mais notre expérience de la photographie affaiblit notre vision de la peinture. (Sur ce point, entre autres, Baudelaire ne se trompait pas.) Nul ne trouverait une lithographie ou une estampe — méthodes anciennes de duplication d'un tableau — plus frappante ou plus intéressante que l'original. Mais les photographies, capables de transformer des détails intéressants en compositions autonomes, de changer en coloris plus brillants les couleurs naturelles, procurent sans cesse de nouvelles satisfactions auxquelles on ne saurait résister. Suivant sa propre destinée, la photographie est allée bien au-delà du rôle limité qui semblait d'abord lui avoir été réservé : celui de reproduire avec précision les formes de la réalité (y compris celles des œuvres d'art). La photographie est devenue la réalité, si bien que la vue de l'objet réel est souvent éprouvée comme une déception. La photographie facilite et valorise une expérience de l'art médiatrice et de seconde main, de façon intense mais différente de l'expérience première. (Sans faire preuve d'une confiance aveugle dans les vertus de « l'original », qui seul serait capable de toucher le spectateur sans l'intermédiaire d'une médiation, il est permis de déplorer que de nombreux amateurs de peinture ne connaissent les tableaux que par leurs reproductions photographiques. La vision est un acte complexe et, pour percevoir la valeur et la qualité d'un chef-d'œuvre de la peinture, une certaine éducation et préparation sont indispensables. Et, en général, ceux qui n'apprécieront pas l'œuvre originale, après en avoir regardé la reproduction photographique, auraient été incapables de goûter, à première vue, la qualité de l'original.)

La plupart des œuvres d'art (y compris celle de la photographie) sont désormais connues par des reproductions photographiques — les activités artistiques issues de ce modèle et la forme de goût artistique qui en découle ont transformé de façon décisive le domaine des arts dans son ensemble et les normes traditionnelles du goût, ainsi que la conception même de l'œuvre d'art. Celle-ci est de moins en moins considérée comme un objet unique, un original, fait de la main d'un seul artiste. Une bonne partie des œuvres de la peinture moderne recherchent ces qualités de l'objet que l'on peut reproduire. La photographie est si bien devenue la forme prédominante de l'expérience visuelle que l'on produit désormais des œuvres d'art pour qu'elles soient photographiées. Des œuvres sont ainsi conceptualisées et composées uniquement en vue de leur reproduction photographique, tels les paysages « emballés » de Christo, ou les « earthworks » de Walter De Maria et Robert Smithson ; le travail en est surtout apprécié grâce à des photographies exposées dans des musées ou des galeries, car les dimensions parfois en sont telles que *seule* une prise de vue (ou une photographie aérienne) permet d'en rendre compte. La photographie ne cherche même plus ostensiblement à nous renvoyer à une expérience originale.

Sur les bases de ce pseudo-pacte d'armistice établi entre la peinture et la photographie, celle-ci a été admise — d'abord d'assez mauvaise grâce, puis avec enthousiasme — dans le cercle privé des beaux-arts. Toutefois, le problème de savoir si la photographie est bien réellement un art est en lui-même fallacieux et illusoire. Bien que la photographie ait été à l'origine d'œuvres que l'on peut qualifier d'artistiques — en tant que subjectives, pouvant modifier la réalité et procurer un plaisir esthétique —, la photographie n'est pas primordialement une discipline artistique. Ainsi que le langage, elle est un moyen d'expression qui peut, entre autres, permettre de réaliser des œuvres d'art. Avec les mots, on peut faire des exposés scientifiques, des notes administratives, des lettres d'amour, des inventaires commerciaux, et Balzac s'en servira pour décrire Paris. En photographie, on peut faire des photos d'identité, des clichés météorologiques, des images pornographiques, des prises de vues aux rayons X, des photos de mariage ou les tableaux parisiens d'Atget. La photographie n'est pas un art dans le même sens que la peinture ou la poésie, par exemple. Si les travaux de certains photographes sont parfaitement conformes à la notion traditionnelle de l'activité artistique, pratiquée par des personnes de talent produisant des objets ayant une valeur intrinsèque, la photographie a permis également, dès ses origines, de prétendre que la notion même de l'art était désormais périmée. L'influence de la photographie — et son rôle prédominant dans les doctrines et les préoccupations de l'esthétique contemporaine — provient du fait qu'elle est susceptible d'apporter une confirmation à ces deux conceptions différentes de l'art. Mais, à long terme, l'impact de la photographie, qui fait paraître périmée la notion même de l'art, se fait sentir avec plus de force.

La peinture et la photographie ne sont pas seulement deux systèmes de production et de reproduction d'images qui, se trouvant dans une position de concurrence, n'auraient qu'à délimiter le territoire qui leur appartient en propre pour parvenir à un accord de coexistence. La photographie est une entreprise d'un tout autre ordre. Sans être spécifiquement un art, elle possède la propriété de pouvoir transformer en œuvres d'art tous les sujets qu'elle prend pour modèles. Beaucoup plus important que le problème de savoir si la photographie est ou non un art authentique, est le fait qu'elle nous permet de connaître les œuvres d'art, en crée elle-même, et qu'elle est à l'origine de nouvelles ambitions artistiques. Elle est un exemple type des directions nouvelles suivies tant par les arts d'avant-garde que par des arts plus commerciaux : la transformation en méta-arts ou directement en media.

(Le développement du cinéma, de la télévision, des applications de la vidéo, les mélanges musicaux sur bandes enregistrées de Cage, Stockhausen et Steve Reich sont des prolongements logiques d'un modèle établi et popularisé par la photographie.) Les beaux-arts traditionnels présentent un caractère élitiste : ils ont pour objectif la production d'une œuvre singulière, personnalisée, et ils impliquent une hiérarchisation des sujets, certains passant pour sérieux, nobles, profonds, et d'autres pour légers, triviaux, vulgaires. Les media sont de nature démocratique : le rôle du producteur spécialisé, de l'*auteur* y est réduit (par l'utilisation de diverses méthodes fondées sur l'intervention du hasard ou l'intervention de techniques mécanisées n'exigeant pas de dons particuliers, ainsi que par le travail d'équipe ou l'effort de collaboration). Tous les aspects du monde sont utilisés comme *matériaux*. Les beaux-arts traditionnels se réfèrent à la discrimination du faux et de l'authentique, de l'original et de la copie, du bon et du mauvais goût ; les media estompent, voire suppriment délibérément ce genre de distinction. Pour les beaux-arts, certains sujets ou certaines expériences ont une signification précise. En eux-mêmes, les media ne sont porteurs d'aucun contenu (tel est le sens de la fameuse remarque de Marshall McLuhan, selon laquelle le médium *est* le message). Ils ont une tonalité ironique, ou inexpressive, ou parodique. Il est inévitable que des œuvres d'art de plus en plus nombreuses trouvent leur accomplissement dans la photographie. Un artiste d'aujourd'hui se doit de transformer ainsi la petite phrase de Walter Pater suivant laquelle tout art aspire à devenir musique : tout art aspire désormais à devenir photographie.

6. Le monde comme image

L'interprétation de la réalité s'est toujours faite par l'entremise d'images et, depuis Platon, les philosophes se sont efforcés de nous affranchir de cette dépendance en nous appelant à suivre la bannière d'une autre cause : une façon nouvelle d'appréhender le réel qui ne serait pas soumise aux images. Mais quand, au milieu du XIXᵉ siècle, ils semblèrent sur le point d'être entendus, comme l'avance de la pensée humaniste et scientifique sonnait le glas des illusions anciennes, politiques et religieuses, la désertion en masse et le ralliement au réel ne se produisirent pas comme prévu. Au contraire, cette nouvelle époque d'incroyance ne fit que renforcer la soumission aux images. Si l'on ne pouvait plus croire à des réalités que l'on comprenait *sous la forme* d'images, on en venait à se fier à des éléments de la réalité conçus *comme étant* des images, des illusions. Dans sa préface à la deuxième édition (1843) de *l'Essence du christianisme*, Feuerbach dit de « notre ère » qu'elle préfère « l'image à la chose, la copie à l'original, la représentation à la réalité, l'apparence à l'être... », et que cette attitude est pleinement consciente. Critique prémonitoire : elle annonçait le diagnostic, souvent rendu au XXᵉ siècle, qu'une société accède à la « modernité » quand l'une de ses activités principales consiste à produire et à consommer des images, dotées du pouvoir extraordinaire de modifier la réalité, considérées comme des substituts désirables d'une expérience de première main et qui, finalement, deviennent indispensables à la santé de l'économie, la stabi-

169

lité de la politique et la poursuite du bonheur individuel.

La critique de Feuerbach — il écrivit ces lignes quelques années après l'invention de l'appareil photographique — annonce en un sens le futur impact de la photographie. Car les images, qui possèdent un rayonnement quasi illimité dans une société moderne, sont tout d'abord photographiques, et la grandeur de leur pouvoir se fonde sur des propriétés particulières des vues saisies par l'objectif.

De telles vues sont assurément capables de se substituer à la réalité et déjà pour la simple raison qu'une photographie n'est pas seulement une image ou une interprétation (comme l'est une peinture), c'est également une trace, un calque du réel — telle une empreinte ou tel un masque mortuaire. Tandis qu'une peinture, se fonderait-elle sur des critères de ressemblance photographique, ne saurait être autre que la mise en évidence d'une interprétation, une photographie représente à tout le moins l'enregistrement d'une émanation (les ondes lumineuses reflétées par un objet), un vestige matériel du sujet ; ce que le tableau ne saurait être.

Imaginons les idolâtres de Shakespeare placés devant le choix de disposer d'un portrait signé d'un Holbein le Jeune qui aurait vécu plus longtemps, ou de découvrir une photo du maître prise par un ancêtre de l'appareil photographique ; ne préféreraient-ils pas, pour la plupart, la deuxième hypothèse ? Et pas seulement parce que la photo révélerait sans doute à quoi l'écrivain ressemblait vraiment ; car, même si elle était jaunie, à peine visible, avec des zones d'ombre, elle l'emporterait à nos yeux sur n'importe quel chef-d'œuvre de la peinture. Avoir une photographie de Shakespeare, ce serait comme posséder — pour les chrétiens — un clou de la vraie Croix.

Lorsque, aujourd'hui, on s'inquiète de la disparition du monde véritable occulté par celui des images, il y a là généralement, comme chez Feuerbach, un écho du mépris platonicien : l'image est vraie pour autant qu'elle correspond à quelque chose de réel, mais elle demeure trompeuse parce qu'elle ne propose qu'une ressemblance. Mais ce jugement à la fois réaliste et naïf, bien que vulnérable, sonne faux à l'époque des vues photographiques dans la mesure où l'opposition sans nuances entre l'image (la copie) et la chose dépeinte (l'original), que Platon a souvent illustrée en se servant de l'exemple d'une peinture, ne s'applique pas aussi aisément à une photographie. De même, elle n'aide pas à comprendre la fabrication de l'image en des temps reculés, lorsqu'elle représentait une activité à la fois pratique et magique, un moyen de s'approprier un pouvoir ou de l'infléchir. Car, plus nous remontons le cours de l'histoire, comme le faisait observer E. H. Gombrich, moins la distinction se fait entre la représentation et la chose réelle. Dans les sociétés primitives, ce sont simplement deux manifestations de la même énergie, du même esprit, différentes uniquement au plan physique. De là, l'efficacité attribuée à la représentation, qui permet de se rendre propice une présence ou de la soumettre, car elle réside également dans l'image.

Pour les défenseurs de la cause du réel, de Platon à Feuerbach, dire de l'image quelle est simple apparence — c'est-à-dire la supposer entièrement distincte de l'objet dépeint — va dans le sens du processus de désacralisation qui nous écarte irrévocablement du monde du temps et des lieux « sacrés » où l'on reconnaissait à l'image une participation à la réalité de ce qu'elle représentait. L'originalité de la photographie tient à ce qu'elle fait revivre, d'une certaine façon et en termes entièrement séculiers, le statut primitif des images au moment même où dans la longue histoire de la peinture, la sécularisation a fini par triompher. Notre sentiment irrépressible que le processus photographique comporte quelque magie ne manque pas d'être fondé. Personne ne considère un tableau de chevalet comme consubstantiel à son sujet ; il se contente de le représenter ou de s'y référer. Mais une photographie n'est pas seulement « semblable » à son sujet, pas uniquement un hommage, elle en fait partie, elle en est l'extension et un moyen puissant de l'acquérir et de s'en rendre maître.

Les photographies représentent différents modes d'acquisition. Elles permettent tout d'abord de posséder par délégation un être aimé ou une chose, ce qui leur confère en quelque sorte le caractère des objets uniques. Elles établissent ensuite un rapport de consommation avec les événements, qu'ils fassent ou non partie de notre expérience, et la différence s'estompe vite dans la mesure où un tel phénomène devient nécessairement habituel. Troisièmement, la fabrication des images et leur possibilité de reproduction nous permettent d'acquérir une information (plutôt qu'une expérience). Certes l'importance des images, en tant que médium par lequel un nombre sans cesse plus élevé d'événements s'inscrit dans le champ de notre conscience, n'est finalement qu'un sous-produit de leur efficacité à nous fournir un savoir dissocié de l'expérience personnelle.

C'est la forme la plus totale de l'appropriation photographique. Ce qui est photographié va faire partie d'un sytème d'information, s'insérer dans des projets de classification et d'emmagasinage, qui peuvent aller du simple ordre chronologique des instantanés collés dans un album de famille aux relevés obstinés et aux classements méticuleux que réclame l'utilisation de la photographie en matière de prévision météorologique, d'astronomie, de microbiologie, de géologie, de criminologie, de formation médicale et d'établissement des diagnostics, de reconnaissance militaire ou d'histoire de l'art... Mais les photographies ne se contentent pas de redéfinir la matière de l'expérience ordinaire (gens, choses, événements, tout ce que nous percevons avec notre vision naturelle, bien que différemment, souvent sans y prêter attention) et d'y ajouter quantité d'éléments que nous ne voyons jamais. La réalité en tant que telle est redéfinie — elle devient article d'exposition, enregistrement destiné à l'étude ou la cible d'une surveillance. L'exploration photographique, cette duplication des fragments du monde, étoffe un dossier sans cesse plus encombrant, jamais refermé, fournissant par là même des possibilités de contrôle inimaginables avec le précédent système d'enregistrement de l'information, c'est-à-dire l'écriture.

A l'époque où l'enregistrement photographique en était encore à ses débuts, on s'apercevait déjà qu'il pouvait devenir l'instrument d'une saisie de la réalité. En 1850, Delacroix notait dans son *Journal* le succès de quelques expériences réalisées à Cambridge, où des astronomes qui photographiaient le soleil et la lune étaient parvenus à obtenir « une empreinte de la grosseur d'une tête d'épingle » de l'étoile Alpha de la Lyre ; à cette constatation il ajoutait la « curieuse » remarque suivante :

> ... la lumière de l'étoile daguerréotypée mettant vingt ans à traverser l'espace qui la sépare de la Terre, il en résulte que le rayon qui est venu se fixer sur la plaque avait quitté sa sphère céleste longtemps avant que Daguerre eût découvert le procédé au moyen duquel on vient de s'en rendre maître.

Les progrès de la photographie ont laissé loin derrière eux une simple maîtrise comme celle que suggérait Delacroix et, d'une façon sans cesse plus littérale, ont permis de s'emparer de l'objet photographié. La technologie, qui a déjà rendu en partie négligeable la distance séparant le photographe de son sujet quant à la précision et à la grandeur de l'image obtenue, a encore mis au point des méthodes permettant de photographier l'inimaginable : l'infiniment petit comme l'infiniment loin ; ce qui permet également de ne plus dépendre de la lumière visible (photographie aux infrarouges) ou de libérer l'image de ses deux dimensions (holographie) ; elle a en outre réduit le laps de temps entre la visée et le moment où l'on a en main le résultat (avec les premiers Kodak il fallait des semaines avant qu'un rouleau de film soit retourné à l'amateur ; il existe aujourd'hui des Polaroïd qui éjectent l'image en quelques secondes) ; elle a non seulement animé les images (le cinéma), mais est parvenue à les transmettre et à les enregistrer simultanément. Elle a finalement fait de la photographie un instrument incomparable qui permet de déchiffrer le comportement, de le prévoir et d'agir sur lui.

La photographie possède des pouvoirs dont n'a jamais disposé aucun système d'images ; à la différence de ses prédécesseurs, en effet, elle ne dépend pas d'un fabricant. Quel que soit le soin avec lequel le photographe intervient lorsqu'il règle et guide le processus de fabrication, le procédé lui-même demeure un mécanisme optique et chimique (ou électronique), dont l'opération demeure automatique et qui est toujours susceptible d'améliorations, finalement inévitables : d'où ces « cartes » du réel toujours plus détaillées, donc encore plus utiles. La genèse mécanique de telles images et les pouvoirs, à la lettre, qu'elles confèrent, fondent un nouveau rapport entre l'image et la réalité. Et si l'on peut dire également que la photographie remet en honneur le rapport le plus primitif — l'identité partielle de l'image et de l'objet —, la puissance des images est maintenant vécue d'une façon très différente. La conception primitive de leur efficacité suppose qu'elles possèdent les qualités des choses réelles, tandis que nous sommes portés à attribuer à celles-ci les qualités de l'image.

On sait que les primitifs craignent que l'appareil photographique ne leur vole une part de leur être. Dans le mémoire qu'il publia en 1900, à la fin d'une très longue vie, Nadar raconte que Balzac éprouvait lui-même un « vague effroi » assez semblable, qu'il expliquait ainsi (à en croire Nadar) :

> Tout le monde dans son état naturel serait composé d'une série d'images fantomatiques superposées par couches jusqu'à l'infini, recouvertes par des pellicules infinitésimales... l'homme n'ayant jamais été capable de créer quelque chose à partir de rien, c'est-à-dire de faire quelque chose de matériel

d'une apparition, de quelque chose d'impalpable, chaque opération daguerrienne allait par conséquent s'emparer, détacher et utiliser une des couches impalpables du corps qu'elle prenait dans sa ligne de mire.

Cette inquiétude sied à Balzac (« Sa peur était-elle véritable ou feinte ? », s'interroge Nadar, et de répondre : « Elle était réelle... ») puisque le procédé photographique faisait se matérialiser en quelque sorte ce qu'il y a de plus original dans la démarche de ce romancier. L'opération balzacienne ne consistait-elle pas à grossir de minuscules détails comme dans un agrandissement ou, comme dans un cadrage photographique, à juxtaposer des traits ou des éléments disparates qui, ainsi mis en valeur, étaient susceptibles de déterminer un rapport nouveau avec n'importe quel autre élément ? Pour Balzac, un détail matériel unique, pour médiocre et arbitraire qu'il puisse paraître, est capable de révéler l'esprit d'un milieu tout entier, de même qu'il est possible de résumer l'ensemble d'une vie par une apparence fugitive [1]. Et lorsque les apparences changent, c'est la personne qui est soumise à un changement. Car il refusait de poser en principe la présence d'un être « réel » réfugié derrière ces apparences. L'hypothèse fantaisiste que Balzac exposait à Nadar, selon laquelle un corps serait composé d'une superposition infinie d' « images fantomatiques », éta-

---

1. Je m'inspire de certaines idées d'Erich Auerbach et, plus précisément, du chapitre de son ouvrage *Mimesis* où il examine le réalisme balzacien. Le passage sur lequel porte en particulier son analyse se trouve au début du *Père Goriot* (1834) (Balzac décrit la salle à manger de la pension Vauquer à sept heures du matin et l'entrée de Mme Vauquer). Cet extrait pourrait difficilement être plus explicite (ou proto-proustien) : « ... toute sa personne... L'embonpoint blafard de cette petite femme est le produit de cette vie, comme le typhus est la conséquence des exhalaisons d'un hôpital. Son jupon de laine tricotée, qui dépasse sa première jupe faite avec une vieille robe, et dont la ouate s'échappe par les fentes de l'étoffe lézardée, résume le salon, la salle à manger, le jardinet, annonce la cuisine et fait pressentir les pensionnaires. Quand elle est là, ce spectacle est complet... »

blit une sorte de parallèle mystérieux avec la théorie prétendument réaliste qui sous-tend ses romans : un personnage est un agrégat d'apparences, et il suffit que l'œil de l'observateur se déplace pour découvrir d'autres significations. Considérer la réalité comme un ensemble sans fin de situations qui se reflètent les unes sur les autres, tirer des analogies des choses les plus dissemblables, tout cela fait déjà apparaître la forme caractéristique d'une perception que stimuleraient les images photographiques. On commence de comprendre la réalité elle-même comme une sorte d'écriture qu'il convient de décoder — et les images photographiques ne furent-elles pas tout d'abord comparées à l'écriture ? (Niepce donna le nom d'héliographie — écriture solaire — au procédé par lequel l'image apparaît sur la plaque ; Fox Talbot surnommait l'appareil photographique « le crayon de la nature ».)

Le malheur est qu'opposer la « copie » et l' « original », comme le fait Feuerbach, conduit à des définitions statiques de la réalité et de l'image ; c'est supposer, du coup, que ce qui est réel persiste, sans changement ni altération, tandis que seules les images se seraient modifiées — elles sont de moins en moins crédibles alors qu'elles deviennent d'une certaine façon plus attirantes. Mais les deux notions sont complémentaires : que la réalité soit conçue autrement et il en va de même pour l'image, ou vice versa. « Notre ère » n'éprouve pas une préférence pour les images par simple perversité, mais parce qu'il lui faut en partie répondre aux façons nouvelles de percevoir le réel, devenu progressivement plus complexe et moins contraignant, et l'un des premiers éléments de cette modification fut l'apparition au sein des classes moyennes et éclairées du XIXᵉ siècle d'une critique dirigée contre la réalité décrite comme une « façade » : l'effet produit fut le contraire de celui qui était recherché. Que l'on s'attaque, en effet, à ce que l'on considérait jusqu'alors comme « réel » pour y faire apparaître l'effet de l'imagination, ainsi de Feuerbach qui définit la religion comme « le rêve de l'esprit humain » et réfute les idées théologiques en ne voulant y voir que des projections de l'esprit, ou que l'on agrandisse des détails apparemment aléatoires et médiocres de l'existence quotidienne pour y découvrir, comme Balzac dans son encyclopédie romancée de la réalité sociale, la trace, le langage chiffré de forces secrètes de nature à la fois historique et psychologique, cela conduit dans l'un et l'autre cas à une approche de la réalité conçue comme un jeu d'apparence, une image.

Ils ne sont pas nombreux ceux qui, dans notre société, éprouvent face à l'appareil photo l'effroi du primitif, une peur fondée sur la croyance que la photographie va saisir une part de l'être ; cependant, des traces du sentiment magique subsistent encore, ne serait-ce que lorsque nous ressentons la difficulté de déchirer le cliché d'un être aimé, et surtout lorsqu'il a disparu ou qu'il se trouve au loin. Accomplir cet acte serait un geste cruel, une trahison. Dans *Jude l'obscur* de Thomas Hardy, lorsque le héros s'aperçoit que sa femme Arabella a vendu le cadre en érable où se trouvait la photographie qu'il lui avait donnée le jour de leur mariage, il constate « la mort de tous les sentiments de sa femme à son égard », et c'est pour lui « le dernier coup qui tue définitivement en lui tout sentiment ». Mais la véritable réaction primitive d'aujourd'hui n'est pas de considérer l'image comme une chose véritable ; les images photographiques ne sont pas si réelles que cela ! Plutôt, c'est la réalité qui semble de plus en plus ressembler aux vues que nous montrent les appareils. Que certains témoins racontent, par exemple, un événement violent dans lequel ils se sont trouvés entraînés, accident d'avion, arrestation mouvementée, attentat, et souvent ils déclarent : « Ça ressemblait à un film », comme si le récit ne suffisait pas et que ce fût là en fin de compte la seule façon de traduire la réalité de leur expérience. Tandis que de nombreuses personnes dans les pays non industrialisés redoutent encore de se faire « prendre », ressentant obscurément qu'il y a dans la photographie comme un empiètement sur l'être, une marque de dédain, sinon une forme sublimée de viol de la personnalité ou de pillage de la culture, les habitants des pays industrialisés recherchent au contraire l'occasion de se faire prendre en photo, comme s'ils avaient l'impression de n'être que des images auxquelles seules les prises de vues confèrent une réalité.

Le sentiment d'une complexité accrue du réel crée, comme des compensations, ses enthousiasmes et simplifications et, parmi ceux-ci, le fait de prendre des photographies est le plus susceptible de devenir une drogue. Tout se passe comme si les photographes, en réponse à une perception de plus en plus anémiée de la réalité, recherchaient une transfusion — ils sont en route vers de nouvelles expériences ou veulent en rafraîchir d'anciennes. L'ubiquité de leurs activités leur accorde la mobilité à la fois la plus sûre et la plus radicale. S'ils sont démangés par le besoin d'éprouver de nouvelles expériences, cela se traduit par la nécessité de prendre des vues photographiques ; l'expérience est ici à la recherche d'une forme à l'épreuve des crises.

Tandis que l'utilisation de l'appareil photographique apparaît presque comme une obligation à celui qui voyage, collectionner avec passion les clichés offre un attrait particulier pour celui qui est confiné, soit par choix, nécessité ou contrainte, dans un espace clos. La collection peut servir à édifier un monde de remplacement où s'assemblent des images propres à exalter, à consoler, voire à créer des désirs irréalisables. Une photo peut être le point de départ d'une histoire d'amour (le Jude de Thomas Hardy était tombé amoureux du portrait de Sue Bridehead avant de la rencontrer), mais on voit plus communément le rapport érotique s'établir tout en étant compris comme limité aux photographies. Dans *les Enfants terribles* de Cocteau, le frère et la sœur, dans leur narcissisme, partagent leur chambre, leur pièce secrète, avec des photos de boxeurs, de stars et de meurtriers. S'isolant dans leur repaire pour y vivre leur fable personnelle, les deux adolescents punaisent ces clichés et édifient un panthéon où ils sont seuls admis. Sur un mur de la cellule 426 à la prison de Fresnes, au début des années quarante, Jean Genet fixait des photos découpées dans des magazines — vingt visages de criminels où il discernait « le signe sacré du monstre » : et il écrivait en leur honneur *Notre-Dame des Fleurs*. Ils lui servaient de muses, de modèles, de talismans érotiques : « Ils veillent sur mes petites routines », écrit Genet, mêlant rêverie, masturbation et écriture, « ils sont toute ma famille et mes seuls amis ». Pour les sédentaires, pour les prisonniers volontaires ou non, vivre au milieu de photos d'étrangers qui les charment représente une réponse du sentiment et un défi insolent face à la solitude.

Dans un roman publié en 1973, *Crash*, J.-G. Ballard décrit un collectionneur dont l'activité très particulière est au service d'une obsession sexuelle. Ledit collectionneur rassemble des photographies d'accidents d'automobile tout en préparant la mise en scène de son suicide au volant de sa voiture. Il voit par avance sa propre mort, et l'examen répété des clichés accroît encore la jouissance sensuelle que lui procure un tel délire. A l'une des extrémités du spectre des significations, les photographies représentent des données objectives ; à l'autre, elles deviennent de véritables accessoires d'une science-fiction de l'esprit. Et, de même que l'on peut ressentir une pulsion sexuelle face à la réalité la plus terrible ou la plus neutre d'apparence, de même le plus banal document photographique est susceptible de se métamorphoser en un emblème du désir. Le cliché anthropométrique qui sert au policier peut se transformer, pour un criminel, en fétiche érotique. Hofrat Behrens, dans *la Montagne magique* de Thomas Mann, considère les radiographies pulmonaires de ses patients comme des documents qui lui permettent d'établir un diagnostic ; pour Hans Castorp, prisonnier pour une durée indéterminée du sanatorium que dirige Behrens, et violemment épris de l'énigmatique, l'inaccessible Claudia Chauchat, « le portrait de Claudia aux rayons X, qui ne montre pas son visage, mais la délicate struc-

179

ture osseuse de la moitié supérieure de son corps et les organes enfermés dans la cage thoracique, nimbés de l'enveloppe de chair, pâle et fantomatique », représente le plus précieux des trophées. Ce « portrait transparent », lui semble un vestige beaucoup plus intime de l'aimée que celui qui a été peint par Hofrat, ce « portrait extérieur » qu'il avait cependant, une fois, contemplé avec tant de désir...

Les photographies sont une façon d'emprisonner la réalité, que l'on conçoit comme rétive, impossible à saisir : elles la font se tenir tranquille. Ou encore elles l'agrandissent lorsque l'on a l'impression qu'elle s'est rétrécie, qu'elle est creuse, périssable, distante. S'il n'est pas possible de posséder la réalité, on peut posséder des images (et être possédé par elles) — de la même façon que Proust, le plus ambitieux des reclus volontaires, se retourne vers le passé alors que le présent lui échappe. Mais rien ne saurait être plus différent du travail d'un artiste tel que Proust, qui est un constant sacrifice de soi, que l'aisance avec laquelle on prend une photo, la seule activité sans doute où il suffit d'un simple mouvement, d'un toucher du doigt, pour créer une œuvre que l'on acceptera comme œuvre d'art. Tandis que les labeurs proustiens se fondent sur l'hypothèse que la réalité est lointaine, la photographie implique un accès instantané au réel. Mais cette pratique a pour effet, à son tour, de recréer la distance. Posséder le monde sous forme d'images c'est, précisément, expérimenter à nouveau l'irréalité et l'éloignement du réel.

La stratégie du réalisme proustien suppose un recul par rapport à ce que l'on expérimente normalement comme réel, le présent, de telle sorte qu'il soit possible de réanimer ce qui est d'habitude disponible sous une forme floue et lointaine, le passé — lieu où selon lui le présent devient réel, c'est-à-dire quelque chose que l'on peut posséder. Dans cette tentative, les photographies n'étaient d'aucun secours. Chaque fois qu'il en parle, Proust le fait en termes peu flatteurs : elles sont synonymes d'un rapport superficiel avec le passé, superficiel parce que fondé sur la seule vision et parce que purement volontaire. Le profit que l'on en retire n'est pas comparable aux découvertes profondes que permet la poursuite des indices fournis par tous les sens — technique que le romancier caractérisait par l'expression « mémoire involontaire ». Comment imaginer l'ouverture de *Du côté de chez Swann* s'achevant sur la découverte, par le narrateur, d'un cliché de l'église paroissiale de Combray ? Et le narrateur savourait cette miette visuelle — alors que, dans le texte, le goût de l'humble madeleine plongée dans le thé fait resurgir toute une part de son existence. Cependant, ce n'est pas parce qu'une photographie ne peut pas évoquer de souvenirs (cela ne dépend-il pas de la qualité de celui qui regarde, plutôt que de la photographie ?), mais par suite de ce que Proust révèle de ses propres exigences face à cette récréation imaginative, qui ne doit pas être seulement précise et complète, qui doit rendre la matière et l'essence des choses. Et, en considérant les photos seulement dans la mesure où il peut les utiliser comme des instruments au service de la mémoire, Proust a tendance à se méprendre sur leur nature : elles ne sont pas tant un support de la mémoire que la possibilité de l'inventer ou d'en tenir lieu.

Ce n'est pas à la réalité que les photographies donnent un accès immédiat ; seulement à des images. Tous les êtres adultes d'aujourd'hui peuvent généralement savoir avec précision à quoi ils ressemblaient au cours de leur enfance, de même qu'ils découvrent leurs parents, voire leurs grands-parents à cette période de la vie. Ce savoir était inaccessible avant l'invention de l'appareil photographique, même à cette minuscule minorité parmi laquelle il était d'usage de faire peindre des portraits de leurs enfants. Ces œuvres pour la plupart fournissent moins d'informations que le cliché le plus humble. Et même les plus favorisés ne possédaient le plus souvent qu'un unique portrait d'eux-mêmes et de leurs ancêtres à un moment de leur vie, une seule image, alors qu'il est fréquent de disposer d'une quantité de photographies : l'appareil offre en effet la possibilité de disposer d'un enregistrement quasi intégral des différentes phases de la croissance. Le portrait que l'on trouvait habituellement dans la maison bourgeoise du XVIIIe et du XIXe siècle confortait d'abord un idéal — il témoignait de la place tenue dans la société et embellissait l'apparence ; dans cette perspective, son propriétaire n'éprouvait pas la nécessité d'en posséder plusieurs. Dans le cas de l'enregistrement photographique, qui se contente de confirmer l'existence du sujet, on ne saurait jamais en avoir trop.

La crainte que la photographie ne nivelle en quelque sorte l'aspect unique de chaque individu s'est surtout exprimée au début de la deuxième moitié du XIXe siècle, époque où la vogue du portrait photographique démontrait pour la première fois ses possibilités de créer à la fois des modes éphémères et des industries durables. Dans *Pierre ou les Ambiguïtés* de Herman Melville, publié vers 1850, le héros, autre partisan résolu d'une vie à l'écart du monde,

> réfléchissait sur l'infinie facilité avec laquelle on pouvait désormais tirer le portrait de n'importe qui grâce au daguerréotype, tandis qu'à d'autres époques seule l'aristocratie de l'argent, ou celle de l'esprit, pouvait s'offrir ce luxe. Il en déduisait naturellement que le portrait au lieu, comme autrefois, d'immortaliser un génie, ne ferait bientôt plus que mettre un sot au goût du jour. Et lorsque tout le monde disposerait de son portrait, la véritable distinction serait, sans doute, de n'en pas avoir.

Mais si les photographies rabaissent le sujet, les tableaux déforment en sens contraire : ils fabriquent du grandiose. Dans *Pierre ou les Ambiguïtés*, Melville — ou plutôt son héros, un parangon de sensibilité aliénée — éprouve l'intuition que toutes les formes du portrait sont compromises dans la civilisation des affaires : une photographie, c'est trop peu dans une société de masse, et une peinture beaucoup trop. Pierre observe que la nature d'un tableau lui donne

> plus de droits au respect que l'homme, pour autant que l'on ne peut imaginer rien d'avilissant dans le portrait, alors qu'il est aisé de deviner chez l'homme trop de détails humiliants.

Et même si l'on considère que de telles ironies n'ont pas résisté au triomphe de la photographie, entre l'œuvre peinte et le portrait photographique la différence principale subsiste. Invariablement, la première résume, et non pas le second. Les photos ne sont que des morceaux évidents d'une biographie ou d'une histoire en cours. Une seule photographie, contrairement à un tableau unique, implique qu'il y en aura d'autres.

« Il en va toujours ainsi : le document humain est nécessaire afin que le présent et le futur soient reliés au passé », disait Lewis Hine. Mais la photographie ne se contente pas d'enregistrer le passé, elle permet également une action sur le présent, comme en témoignent d'innombrables documents photographiques contemporains. Tandis que d'anciennes photos peuplent notre vision du passé, celles qui sont prises aujourd'hui transforment le présent en image mentale, à l'instar du passé. Les appareils photographiques établissent une liaison directe, implicite au présent (la réalité est connue par ses traces) et fournissent une vue instantanée et rétroactive de l'expérience. Les photographies deviennent des simulacres de possession — du passé, du présent et même du futur. Dans *l'Invitation au supplice* (1935) de Nabokov, on montre au prisonnier Cincinnatus le « photohoroscope » d'une jeune fille établi par le sinistre « M'sieur Pierre » : c'est un album de photographies de la petite Emmie où elle apparaît bébé, enfant, avant la puberté, telle qu'elle est maintenant, puis — en retouchant et utilisant des photographies de sa mère — voici Emmie

183

adolescente, jeune mariée, à l'âge de trente ans, enfin à quarante ans, sur son lit de mort. Nabokov définit ce travail exemplaire comme « une parodie de l'œuvre du temps » ; c'est du même coup une parodie de la démarche photographique.

La photographie, qui présente tant d'aspects narcissiques, est également un instrument puissant lorsqu'il s'agit de dépersonnaliser notre rapport avec le monde ; et ces deux utilisations sont complémentaires. Comme une jumelle de marine avec laquelle on pourrait regarder par l'un et l'autre bout, l'appareil photographique donne à ce qui est exotique un aspect proche, intime, et rapetisse les choses familières, les rend abstraites, étranges, les éloigne de nous. Elle nous offre, avec une aisance qui devient bien vite habitude, une participation à notre propre vie et à celle des autres et, en même temps, elle les met à distance, car la possibilité de participer est ici inséparable du sentiment d'aliénation. Entre la guerre et la photographie, le lien est maintenant indissoluble ; un avion s'écrase-t-il, un accident affreux se produit-il, qu'immédiatement les objectifs se braquent. Une société qui pose comme principe d'aspirer à ne jamais connaître les privations, l'échec, le malheur, la douleur, la maladie incurable, et au sein de laquelle la mort elle-même est considérée non pas comme naturelle et inévitable mais comme un désastre cruel, immérité, crée un vaste courant de curiosité face à ces événements — une curiosité qui se satisfait en partie en prenant des photos. Le sentiment d'échapper à ces calamités stimule l'intérêt que l'on éprouve à examiner des images insoutenables, et le simple fait de les regarder suggère que l'on a soi-même échappé au malheur : nous nous sentons vulnérables. En partie parce que l'on est « ici » et non pas « là », en partie par ce caractère inéluctable que tous les événements acquièrent quand ils sont convertis en images. Quelque chose est en train de se passer dans le monde réel, et personne ne sait quel en sera le résultat. Dans le monde-image, l'événement s'est déjà produit — une fois pour toutes.

Nous avons une connaissance variée du monde par l'entremise des images et nous voici souvent déçus, surpris, insensibles, lorsque nous découvrons la chose réelle. Tout se passe comme si ces images affaiblissaient nos possibilités de réaction face à l'expérience directe, et les sentiments qu'elles suscitent sont souvent plus forts que ceux que nous éprouvons dans la vie réelle. C'est parfois la version photographique qui nous touche le plus. En 1973, dans un hôpital de Changhai, j'ai assisté à l'opération d'un ouvrier souffrant d'un ulcère et endormi à l'acupuncture. Il fallut lui retirer les neuf dixièmes de l'estomac, mais je parvins à suivre les trois heures d'opération (et c'était la première dont je fusse témoin) sans nausée, sans être jamais contrainte de détourner les yeux. Une année après, dans un cinéma, à Paris, l'opération chirurgicale que montre le film d'Antonioni sur la Chine, *Chung Kuo*, me fit sursauter dès le premier coup de bistouri et je dus fermer les yeux plusieurs fois. Ainsi, nous serions plus vulnérables aux images qu'à la chose véritable ? En fait, cette vulnérabilité particulière tient à la soumission passive de celui qui est doublement spectateur : qui voit des événements façonnés par les participants, puis repris par le fabricant d'images. Lors de l'opération réelle, j'avais dû me soumettre à la désinfection, enfiler une blouse ; et, lorsque je me tenais aux côtés des chirurgiens et des infirmières, affairés, j'avais plusieurs rôles à tenir : j'étais une adulte inhibée, une invitée bien élevée, un témoin respectueux. L'opération filmée exclut non seulement cette modeste participation mais retire encore tout l'aspect actif qu'il peut y avoir à être spectateur. Dans la salle d'opération réelle, je suis celle qui modifie le cadrage, qui décide des plans rapprochés ou non. Au cinéma, Antonioni a déjà choisi quels moments je dois voir ; la caméra regarde à ma

185

place, m'oblige à regarder, et le seul autre choix qu'elle me laisse, c'est de fermer les yeux. De plus, la caméra condense ce qui dure des heures en quelques minutes ; ne subsiste dans le film que ce qui paraît intéressant et que l'on présentera d'une façon frappante, c'est-à-dire avec l'intention d'émouvoir ou de choquer. L'effet dramatique est renforcé par les procédés didactiques du cadrage et du montage. Que nous tournions la page dans un magazine photo, qu'une nouvelle séquence commence dans un film, dans tous les cas l'effet de contraste est plus marqué que celui qui s'établit entre des événements successifs en temps réel.

Rien ne saurait mieux nous instruire sur notre conception de la photographie — qui est, entre autres, une méthode propre à exacerber le réel — que les attaques portées contre le film d'Antonioni dans la presse chinoise au début de l'année 1974. Elles dressent un catalogue, dans une perspective négative, de toutes les ressources de la photographie moderne, fixe et animée [1]. Tandis que pour nous la photographie est intimement liée à des façons discontinues de voir (il importe précisément de voir le tout grâce à la partie — par un détail frappant,

---

1. Voir *A Vicious Motive, Despicable Tricks* (De mauvaises intentions, une tricherie méprisable) — *A Criticism of Antonioni's Anti-China Film « China »* (Une critique du film anti-chinois *La Chine* d'Antonioni) — Pékin, Foreign Languages Press, 1974 ; un pamphlet de dix-huit pages, non signé, qui reproduit un article paru dans le journal *Renminh Ribao* du 30 janvier 1974. Voir également « Repudiating Antonioni's anti-China film » dans *Peking Review*, n° 8, 22 février 1974, qui donne une version condensée de trois articles parus dans la presse de Pékin. Le but des auteurs n'était pas de développer une conception de la photographie — leur intérêt dans ce domaine est accidentel — mais de présenter un ennemi idéologique modèle, comme dans d'autres campagnes d'éducation de masse lancées pendant cette période. Il n'était donc pas nécessaire que les dizaines de millions de Chinois qui participèrent à cette occasion à des meetings tenus dans les écoles, les usines, les casernes et les communes aient vu *Chung Kuo* : pas plus qu'il n'était indispensable pour ceux qui se trouvèrent mobilisés dans la campagne critique menée contre Lin Piao et Confucius d'avoir lu un texte du vieux philosophe.

une image volontairement tronquée), en Chine il ne peut y avoir de rapport qu'à la continuité. Et, non seulement il y a des sujets qui conviennent à la caméra (activités exemplaires, gens souriants, ciel bleu), mais il existe de même des façons convenables de photographier, qui découlent de conceptions morales sur l'organisation de l'espace qui contreviennent à l'idée même d'une vision photographique. Ainsi fit-on reproche à Antonioni d'avoir filmé des choses qui étaient vétustes ou démodées : « il a recherché des murs en ruine et des journaux muraux abandonnés depuis longtemps », sans accorder « aucune attention aux gros et aux petits tracteurs qui travaillent dans les champs ; il a préféré montrer un âne qui tirait un antique rouleau de pierre. » Autre reproche : le cinéaste n'a pas respecté les règles de la bienséance : « Il a filmé de façon répugnante des gens se mouchant ou se rendant aux latrines. » Il a filmé des scènes où la discipline ne régnait pas. Ainsi, « au lieu de filmer les enfants dans la salle de classe de notre école primaire, celle même de notre usine, il a pris des vues de ces enfants courant à l'heure de la sortie ». Antonioni est également accusé d'avoir fait preuve de sa volonté de dénigrer le pays en traitant à sa façon les « sujets » qu'il ne pouvait éviter : il a eu recours à « des couleurs sombres et mornes », à « des ombres » qui lui permettent de dissimuler les gens. Surtout, il a abusé des changements de plan : « Il y a tantôt des vues à distance, parfois des gros plans et, s'il prend la vue de face, il lui faut aussi la montrer de l'autre côté. » Il n'a pas tenu le rôle d'un observateur unique, idéalement placé : « Face à ce magnifique pont moderne, la caméra travaille volontairement sous des angles impossibles qui lui donnent un aspect tordu et branlant. » Enfin, il n'a pas assez montré de vues d'ensemble : « Il s'est creusé la cervelle pour, par ses angles variés, déformer l'apparence des gens et les enlaidir. »

Assurément, on ne trouve pas uniquement en Chine l'iconographie des « révérés leaders », produite en masse, ou le kitsch révolutionnaire, ou encore les reproductions des trésors culturels ; on peut également y découvrir des photos ayant trait à la vie privée. De nombreux Chinois possèdent des vues de ceux qui leur sont chers, fixées au mur ou glissées sous le verre qui recouvre une table ou un buffet. Beaucoup d'entre elles sont des instantanés tels que nous en prenons dans les réunions de famille ou au cours de nos voyages, mais aucune ne présente ce côté spontané, ce naturel, qui semblent normaux dans notre société, serait-ce à l'utilisateur le plus ordinaire d'un appareil photo. On ne voit jamais un bébé qui se traîne à quatre pattes ou quelqu'un qui esquisse un geste. De même, les photographies sportives montrent toujours un groupe ou la phase la plus stylisée du jeu. La seule façon de se servir d'un appareil, semble-t-il, c'est de rassembler, ou de se mettre en rang devant lui. Le sujet en mouvement ne les intéresse pas. On pourrait expliquer cette attitude en partie par l'observation d'un décorum ancien qui s'applique aux mœurs comme à la représentation picturale ; mais c'est également le goût caractéristique de ceux qui en sont au premier stade de la civilisation de l'image, quand toute photographie se définit comme quelque chose que l'on peut « dérober » à son « propriétaire ». Ainsi, un autre reproche fut adressé à Antonioni : celui d'avoir « pris des vues contre la volonté de ceux qui étaient filmés », « de les avoir prises comme un voleur ». Posséder un appareil ne donne pas le droit de s'introduire n'importe où comme il en va dans notre société, que cela plaise ou non. (Dans la civilisation qui est la nôtre, le code des bonnes manières veut que l'on prétende ne pas faire attention à l'inconnu qui vous photographie dans un endroit public, tant qu'il reste à une distance « convenable » — l'attitude « convenable », en retour, est de ne rien « interdire », et, bien sûr, de ne pas prendre la pose.) Ici, nous posons quand nous le pouvons, et nous nous soumettons quand il le faut ; en Chine, au contraire, il s'agit encore d'un rituel qui suppose une préparation et un consentement. Quelqu'un qui « délibérément traquait des êtres qui n'étaient pas conscients qu'il les photographiait »

188

les privait de la sorte de leur droit de se préparer afin de paraître à leur avantage.

Dans *Chung Kuo*, Antonioni consacre presque toute la séquence filmée sur la place T'ien-an-men de Pékin, ce haut lieu du pèlerinage politique en Chine, aux pèlerins qui attendent d'être photographiés. L'intérêt qu'il éprouve à montrer des Chinois se livrant à ce rite élémentaire, qui leur permettra de disposer d'un document irréfutable, va pour nous de soi : la photographie elle-même et le fait de faire face à l'appareil sont devenus aujourd'hui des sujets favoris de la prise de vues cinématographique. Mais pour ces censeurs, le désir que les visiteurs de la place T'ien-an-men ressentent de conserver un souvenir, ce désir

> reflète la profondeur de leurs sentiments révolutionnaires ; si bien qu'Antonioni, animé de mauvaises intentions, au lieu de montrer cette réalité, s'est contenté de filmer leurs vêtements, leurs mouvements, leurs expressions ; ici, les cheveux ébouriffés de quelqu'un, là, des gens qui éblouis par le soleil ferment à demi les yeux. Il montre, un instant, leurs manches, l'instant d'après leurs pantalons...

Les Chinois résistent au démembrement, à la parcellisation, par la photographie, de la réalité. Ils n'utilisent pas le gros plan. Même les cartes postales des ruines et des œuvres d'art, vendues dans les musées, ne donnent pas de détails. L'objet est toujours photographié de face, bien centré, sous un éclairage uniforme et dans sa totalité.

Nous trouvons les Chinois naïfs parce qu'ils ne perçoivent pas la beauté des écailles de peinture sur une porte craquelée, qu'ils ne sentent pas le pittoresque du désordre, la force de l'angle de vision imprévu, du détail signifiant, la poésie du « caché ». Nous avons une conception moderne de l'embellissement — la beauté ne va pas de soi, il faut la découvrir par une autre façon de voir — de même qu'une notion plus étendue de la signification, que les nombreuses utilisations de la photographie illustrent et renforcent. Plus les variations sont nombreuses, plus riches sont les possibilités de sens. Ainsi, les photographies sont plus « parlantes » en Occident qu'en Chine. Et que l'on considère ou non *Chung Kuo* comme une marchandise idéologique (les Chinois n'ont pas tort de trouver le film condescendant), les images d'Antonioni sont tout simplement plus lourdes de sens que celles que les Chinois font d'eux-mêmes. C'est qu'ils ne veulent pas qu'elles soient trop riches ou d'un intérêt évident. Ils ne cherchent pas à voir le monde sous un angle inhabituel ou à découvrir des sujets nouveaux. Les photos sont censées montrer ce qui a déjà été décrit. La photographie pour nous est une arme à deux tranchants qui produit des clichés (mot à double sens : tantôt lieu commun, tantôt image négative) et des visions « nouvelles ». Pour les autorités chinoises, il ne peut exister que des « clichés », qu'ils ne considèrent pas comme tels mais comme des vues « correctes ».

En Chine, aujourd'hui, on ne reconnaît que deux aspects de la réalité : le bon et le mauvais. Pour nous, elle est plurielle, par quoi elle nous désespère et nous fascine. En Chine, que la réalité pose problème et il n'y a que deux directions et une seule à emprunter. Notre société propose un spectre chatoyant de choix et de perceptions, mais sans qu'il y ait véritable continuité. La leur s'organise en quelque sorte autour d'un observateur idéal et unique ; les photographies apportent leur contribution au grand monologue. Pour nous, il existe une dispersion, une interchangeabilité des « points de vue » ; la photographie est « polylogue ». L'idéologie chinoise, celle qui a cours aujourd'hui, définit la réalité comme un processus historique structuré par des dualismes répétitifs dont les significations sont clairement définies et qui prennent une coloration morale ; ce qui permet de rejeter comme mauvaise une grande part du passé. Pour nous, il existe des processus historiques aux significations extrêmement complexes, parfois contradictoires ; et des arts qui, comme la photographie, tirent en partie leur valeur de notre conscience du temps en tant qu'Histoire. (C'est pourquoi le passage du temps ajoute à la valeur esthétique des photographies et que ses outrages attirent plus volontiers les photographes qu'ils ne les repoussent.) Cette idée d'Histoire nous permet de justifier l'intérêt qu'il y a à connaître le plus grand nombre possible de choses. Les Chinois ne peuvent utiliser leur histoire que dans une perspective didactique : ils s'y intéressent en moralistes, étroitement, sans véritable curiosité. De là vient que la photographie, telle que nous la concevons, n'a pas sa place là-bas.

En Chine, les limites imposées à la photographie ne font que refléter le caractère d'une société qu'unifie une idéologie austère du conflit permanent ; et, assurément, notre utilisation sans limites des images photographiques reflète aussi notre société, satisfaite de s'unir autour du refus de l'idée d'un simple affrontement ; cependant, ces images lui donnent forme. Notre conception du monde — ce monde unique du xxe siècle capitaliste — ressemble à une vue prise d'avion. S'il est « un », ce n'est pas parce qu'il est unifié, mais parce qu'un examen de ce qu'il renferme, loin de révéler un conflit, permet de découvrir une diversité encore plus étonnante. La traduction en images agit sur cette unité trompeuse du monde. Car les images sont toujours compatibles entre elles, ou l'on peut faire en sorte qu'elles le deviennent, alors même que les réalités dépeintes ne le sont pas.

Plutôt que de reproduire le réel, la photographie le recycle — c'est un des processus clés des sociétés modernes. Sous la forme de ces images, événements et choses assument de nouvelles fonctions, se voient assigner des significations nouvelles, qui dépassent les distinctions habituelles entre beau et laid, vrai et faux, utile et inutile, entre bon et mauvais goût. Ainsi se trouve « produite » cette qualité nouvelle : l' « intérêt », qui ne tient pas compte des précédents critères, et l'on juge intéressants tous les sujets qui peuvent être vus comme semblables ou analogues à d'autres.

Et il existe un art et des modes concernant la vision qui font que les sujets photographiés acquièrent un intérêt. Pour alimenter cet art et ces modes intervient un recyclage constant des objets faits de main d'homme et des goûts du passé. Une fois recyclés, les clichés deviennent des méta-clichés. A partir d'objets uniques on produit des « clichés » et, à partir des clichés, des objets singuliers aux arêtes avivées. Les images des choses réelles se superposent, confondues avec les images d'images. Les Chinois restreignent les utilisations de la photographie de telle sorte qu'il n'y a pas ces accumulations, ces couches ou ces strates, et toutes leurs images photographiques renforcent et répètent le même effet [1]. Nous, nous utilisons la photographie comme un moyen qui nous sert précisément à tout exprimer, à servir n'importe quel dessein. Un rapport dans la réalité est-il à peine esquissé que des photographies l'établissent en clair ; ainsi de l'explosion d'une bombe A qui sert à la publicité d'un coffre-fort.

Il nous semble aller de soi de distinguer entre le regard individuel et l'enregistrement objectif, différence sur laquelle on voudrait s'appuyer pour faire la distinction

1. L'importance que les Chinois accordent à la fonction réitérative de l'image (et du mot) inspire la diffusion d'images « accumulatives » montrant des scènes qu'aucun photographe ne saurait avoir prises sur le vif. Le fait que cette pratique soit encore en vigueur semblerait indiquer que la population a, dans son ensemble, une idée assez approximative du travail du photographe. Dans son livre *Ombres chinoises*, Simon Leys fournit un exemple de cette technique lorsqu'il présente la campagne d'émulation centrée sur le camarade Lei Fung. Cette opération de masse était destinée à inculquer les idéaux de la citoyenneté maoïste et se fondait sur l'apothéose d'un citoyen inconnu, un soldat du nom de Lei Fung, mort à vingt-cinq ans dans un banal accident. Les expositions Lei Fung organisées dans les grandes villes comprenaient divers documents photographiques où l'on pouvait voir, par exemple, « Lei Fung aidant une vieille femme à traverser la rue », « Lei Fung lavant en secret (sic) le linge de son camarade », « Lei Fung donnant son déjeuner à un camarade qui avait oublié sa gamelle » et ainsi de suite, sans que personne apparemment mette en doute « la présence providentielle d'un photographe au cours de ces épisodes variés de la vie d'un humble soldat, jusque-là inconnu ». Bref, en Chine, l'authenticité de l'image repose sur sa qualité morale.

entre la photographie d'art et celle qui est à fin documentaire. Elles sont, cependant, l'une et l'autre des développements logiques du sens que prend la photographie : une prise de notes, potentiellement, de tout ce qui se trouve dans le monde, sous tous les angles possibles. Le même Nadar qui tira les portraits de toutes les célébrités de son temps, qui fit les premières « interviews photographiques », fut également le premier à prendre des vues aériennes ; lorsqu'en 1855 il accomplit l' « opération daguerrienne » au cours d'un survol de Paris à bord d'un ballon, il en comprit immédiatement l'intérêt pour de futurs belligérants.

Deux façons de voir sous-tendent cette hypothèse que tout ce qui se trouve dans le monde constitue de la matière pour le photographe ou le cinéaste. La première attitude consiste à découvrir que n'importe quel sujet a sa part de beauté ou d'intérêt, pourvu qu'il soit saisi par un œil suffisamment exercé. (Cette valeur esthétique conférée à la réalité, et qui met n'importe quoi à la disposition de l'objectif, permet du même coup de faire entrer dans le domaine de l'art toute photographie, y compris celles qui visent à une utilité pratique immédiate.) La seconde consiste à croire que tout peut servir à quelque utilisation présente ou future : que tout peut servir à une estimation, ou à une prise de décision, ou à une prophétie. Selon les uns, il n'existe rien qui ne puisse être *enregistré*. L'objectif fournit une vision esthétique de la réalité parce qu'il est une machine-jouet qui ouvre à chacun la possibilité de formuler des jugements désintéressés sur l'importance, la beauté, l'intérêt de ce qu'il voit. (« Ça, ça ferait une belle photo ! ») Il satisfait de même une conception mécanique de la réalité en rassemblant des informations qui permettent de répondre de façon plus précise et plus rapide à une réalité mouvante. Assurément, la réponse peut être bénéfique ou non : les photographies de la reconnaissance militaire aérienne contribuent à détruire des vies, les rayons X aident à en sauver.

Bien que ces deux attitudes, l'esthétique et l'instrumentale, paraissent produire des sentiments contradictoires, voire incompatibles, à l'égard des êtres et des situations, il s'agit somme toute de la contradiction caractéristique que doivent partager et assumer dans leur existence les membres d'une société où le divorce a été prononcé entre les domaines privé et public. Et il n'existe peut-être pas d'autre activité que la photographie, si aisément utilisable dans l'une ou l'autre perspective, pour nous préparer aussi bien à vivre avec ces attitudes contradictoires. D'un côté, les appareils mettent la vision au service du pouvoir — de l'Etat, de l'industrie, de la science. De l'autre, ils expriment une vision de cet espace mythique que nous connaissons sous l'appellation de « vie privée ». En Chine, dans cette société où, entre la politique et la morale, il ne reste pas de place pour l'expression de la sensibilité esthétique, on ne doit photographier que certains objets et de telle ou telle façon. Pour nous, comme nous nous détachons de plus en plus de la politique, le vide s'agrandit sans cesse qu'il nous faut combler par des exercices de sensibilité, tels ceux que nous permet la technique. L'un des effets des progrès de la technologie en matière de caméras (la vidéo, le développement instantané) est de convertir le travail des caméras dans le domaine privé à des utilisations narcissiques de plus en plus nombreuses — c'est-à-dire à un certain genre de contrôle de soi. Mais ces emplois populaires, en *feedback*, de l'image, qui interviennent aussi bien dans la chambre à coucher que dans la séance de thérapie ou dans le séminaire du week-end, semblent moins lourds de conséquences que celui de la vidéo en tant qu'instrument de surveillance dans les endroits publics. Or, si l'on peut imaginer que les Chinois en viendront à avoir recours à toutes ces formes de progrès, il conviendrait peut-être de mettre à part ce dernier exemple. En effet, notre tendance à penser que caractère et conduite s'équivalent nous a rendu plus acceptable l'idée que dans les lieux publics, de plus en plus souvent, soient installés des appareils de surveillance. Au contraire, les règles beaucoup plus répressives qui existent en Chine en matière d'ordre exigent non seulement de surveiller la conduite mais aussi de changer les esprits ; la surveillance y est intériorisée à un degré sans précédent. Ce qui tendrait à indiquer que la caméra conçue comme un moyen de surveillance extérieure a, dans ce pays, un avenir restreint.

La Chine offre le modèle d'une sorte de dictature dont l'idée maîtresse est « le bien ». D'où la sévérité des contraintes qui pèsent sur toutes les formes d'expression, y compris l'image. Une autre forme de dictature pourrait bientôt apparaître dont l'idée maîtresse serait ce qui est « intéressant » où proliféreraient les images de toute sorte, les stéréotypes comme les excentriques. On en verrait une esquisse dans *l'Invitation au supplice* de Nabokov : l'auteur y dresse le portrait d'un Etat totalitaire qui n'approuve qu'un seul art, omniprésent, la photographie. Le photographe amical qui papillonne autour de la cellule du héros, condamné à mort, se révèle être, à la fin, le bourreau. Il semble n'y avoir aucun moyen (à moins de se soumettre à une vaste amnésie historique, comme en Chine) de limiter la prolifération des images. La seule question est de savoir si l'on pourrait définir le monde-comme-image autrement que sous la forme que nous lui connaissons à travers la photographie et le cinéma. Actuellement, elle est suffisamment claire, si l'on considère dans quel contexte on voit les images photographiques, quelles dépendances elles suscitent, quels antagonismes elles ré duisent — c'est-à-dire quelles institutions elles soutiennent et les besoins de qui elles servent véritablement.

Une société capitaliste requiert une culture fondée sur les images. Il lui faut fournir des divertissements en quantités énormes, de façon à stimuler l'achat et anesthésier les blessures de classe, de race et de sexe. Elle doit également rassembler des informations innombrables afin de mieux exploiter les ressources naturelles, accroître la productivité, préserver l'ordre, faire la guerre, donner des emplois aux bureaucrates. La dualité de l'aptitude que présentent les appareils photographiques et les caméras —

ils peuvent conférer au réel un caractère subjectif ou un caractère objectif — sert ces besoins d'une manière idéale tout en les avivant. La réalité est définie des deux façons indispensables au bon fonctionnement d'une société industrielle avancée : en tant que spectacle (pour les masses) et en tant que domaine où s'exerce une surveillance (pour les dirigeants). La production d'images fonde une idéologie dominante. Au changement social se substitue la modification des images. Etre libre de consommer une pluralité d'images et de biens devient bien vite l'équivalent de la liberté elle-même. Réduire le libre choix politique à la libre consommation économique exige de produire et de consommer des quantités illimitées d'images.

Nous découvrons finalement la raison de la nécessité de tout photographier dans la logique de la consommation elle-même. Consommer, c'est brûler, utiliser et, par conséquent, le besoin apparaît de disposer de nouveaux combustibles. A mesure que nous fabriquons des images et les consommons, nous éprouvons le besoin d'en disposer en nombre sans cessse accru. Mais les images ne sont pas un trésor qu'il faut constituer par un pillage du monde ; elles sont précisément ce qui est disponible partout où le regard s'arrête. La possession d'un appareil peut inspirer un sentiment qui est proche du désir érotique. Et, de même que toutes les formes crédibles de ce désir, il suppose de demeurer insatisfait ; tout d'abord parce que les possibilités de l'appareil sont infinies et, ensuite, parce que l'entreprise se nourrit finalement de sa propre substance. Les efforts que consentent les photographes afin de redonner de la vigueur à un sens appauvri de la réalité aboutissent à aggraver cet appauvrissement. Le malaise face au transitoire s'exacerbe dans la mesure où les appareils nous donnent le moyen de « fixer » le moment fugitif. Nous consommons des images à un rythme toujours accru. Et, comme Balzac le suggérait, les appareils photographiques en un sens gaspillent des couches infinitésimales du corps : les images consomment la réalité. Elles représentent à la fois l'antidote et la maladie, un moyen de s'approprier la réalité et de la faire tomber en désuétude.

Les pouvoirs de la photographie ont eu pour effet, en quelque sorte, de « dé-platoniser » notre conception de la réalité, en rendant de moins en moins plausible qu'elle puisse se réfléchir sur notre expérience selon le schéma de la distinction entre l'image et la chose, entre copie et original. Il était logique pour Platon, étant donné son attitude dédaigneuse à l'égard des images, de les comparer à des ombres — à ces présences éphémères, insubstantielles, sans force, qui accompagnent les choses vraies et dont elles ne sont que la projection. Mais la puissance des images photographiques leur vient de ce qu'elles constituent des réalités matérielles de plein droit, de riches sédiments d'où l'on peut extraire des informations sans qu'il soit important de savoir comment ils se sont accumulés. De toute façon, les images peuvent maintenant renverser les rôles face à la réalité : elles *la* changent en ombre. Et, dans la mesure où elles représentent une res-ressource illimitée, que ne saurait épuiser tout le gâchis de la consommation, il est d'autant plus nécessaire de leur appliquer le remède de la modération. Car si l'on veut trouver pour le monde de la réalité une meilleure façon d'inclure celui de l'image, il faudra bien avoir recours à une écologie appliquée non seulement aux choses réelles mais également aux images.

Bref recueil de citations

Hommage à W.B.

« J'éprouvais le désir de m'emparer de toute la beauté qui venait à ma rencontre, et à la longue je suis parvenue à satisfaire ce désir. »

Julia Margaret Cameron.

« Je désirais tellement posséder quelque chose qui me rappelât tout ce qui peut m'être cher en ce monde. Ce n'est pas simplement la ressemblance qui est précieuse en ce cas — mais les associations et le sentiment de proximité qu'impose cet objet... le fait que *l'ombre même de la personne* soit ici fixée à jamais ! C'est pourquoi les portraits me paraissaient en quelque sorte sanctifiés — et je ne crois pas du tout monstrueux de dire, alors que mes frères protestent à ce propos avec véhémence, que je préférerais à tout ce qu'un artiste a pu produire de plus noble, garder un tel souvenir de quelqu'un que j'aurais chèrement aimé. »

Elizabeth Barrett
(Lettre à Mary Russell Mitford, 1843).

« Pour quelqu'un qui sait réellement voir, la photographie est un rappel de tout notre mode de vie. Nous pouvons regarder les façons de faire d'autrui et en être touchés, et elles peuvent même nous êtres utiles pour nous révéler les nôtres ; mais il nous faut en fin de compte nous en libérer. C'est là ce qu'entendait Nietzsche lorsqu'il déclarait : " Je viens de lire Schopenhauer, il me faut maintenant m'en débarrasser. " Il savait à quel point peuvent être insidieuses ces façons de faire d'autrui, particulièrement de ceux qui bénéficient du prestige d'une très grande expérience, lorsque vous les laissez s'interposer entre vous et votre propre vision. »

Paul Strand.

201

« Que l'aspect extérieur de l'homme soit l'image de son intériorité, et le visage l'expression révélatrice de tout le caractère est une hypothèse valable et qui mérite d'être vérifiée ;
le fait que l'on a toujours éprouvé le désir de voir les traits
de quelqu'un qui a su se rendre célèbre la confirme... La photographie... offre à notre curiosité la satisfaction la plus complète. »

Schopenhauer.

« Faire l'expérience de la beauté d'un objet, cela siginifie
que l'expérience est nécessairement faussée. »

Nietzsche.

« On peut désormais se familiariser, pour une somme déri-
soire, avec n'importe quel lieu renommé dans le monde, et
également avec tout homme célèbre sur le continent européen.
L'ubiquité du photographe est une chose merveilleuse. Nous
avons tous vu les Alpes, et connaissons par cœur Chamonix
et la mer de Glace, sans jamais avoir bravé les flots agités de
la Manche... Nous avons franchi les Andes, escaladé le pic
Tenerife, nous sommes entrés au Japon, nous avons " fait "
les chutes du Niagara et les Mille-Iles ; avec nos semblables
nous avons goûté l'ivresse des combats (aux devantures des
librairies), nous avons siégé aux conseils des grands, nous
sommes devenus les familiers des rois, des reines et des em-
pereurs, des prima donna, des étoiles de la danse et des acteurs " comblés de dons ". Sans trembler, nous avons vu
des spectres ; sans nous découvrir, nous nous sommes présentés devant des princes ; bref, grâce à une lentille de trois
pouces de diamètre, nous avons contemplé toute la pompe
et les vanités de ce monde, maléfique mais splendide. »

« D.P. », chroniqueur à *Once a Week*,
Londres, 1er juin 1861.

« On a pu dire fort justement qu'Atget avait photographié
les rues désertes de Paris comme des scènes de meurtre. La
scène d'un crime que l'on photographie pour y rechercher des
preuves est également déserte. Avec Atget, les photographies
deviennent des témoignages sur des faits historiques, elles acquièrent un sens politique voilé. »

Walter Benjamin.

202

« Si je pouvais conter l'histoire avec des mots, je n'aurais que faire de trimbaler un appareil photographique. »

Lewis Hine.

« Je partis pour Marseille. Une petite avance me permettrait de m'en tirer, et je travaillais avec entrain. Je venais de découvrir le Leica. Il devint le prolongement de mon regard, et depuis que je l'ai trouvé, je ne m'en suis jamais séparé. Tout le jour je parcourais les rues, plein de vigueur et prêt à bondir, décidé à " piéger " la vie — préserver la vie dans l'acte de vivre. Avant tout, je désirais saisir, dans le cadre d'une seule photo, l'essence même d'une situation dont le processus se déroulait devant mes yeux. »

Henri Cartier-Bresson.

« Difficile de dire à quel moment l'appareil n'est plus qu'un prolongement de vous-même.

Avec un Minolta 53 mm SLR, vous vous emparez du monde qui vous entoure presque sans effort, ou vous exprimez le monde qui est en vous. L'appareil en main, vous êtes à l'aise. Les doigts se mettent en place naturellement. Tout est si facile que l'appareil devient une partie de vous-même. L'œil n'a pas à s'écarter du viseur pour corriger la mise au point ; ce qui vous permet de vous concentrer sur la création de l'image... Et, avec un Minolta, vous pouvez aller jusqu'aux limites de votre imagination. Dans le superbe modèle Rokkor X, avec son système Minolta/Celtic, l'objectif « œil de poisson » de plus de 40 lentilles rapproche les objets ou saisit les contours d'un spectaculaire panorama visuel.

MINOLTA,
Vous êtes l'appareil et l'appareil c'est vous-même. »

Publicité (1976).

« Je photographie ce que je ne désire pas peindre, et je peins ce que je ne peux pas photographier. »

Man Ray.

« Il faut faire un effort pour contraindre l'appareil à mentir. Le médium est fondamentalement honnête ; et, selon toute probabilité, le photographe approchera la nature dans un esprit de recherche, de communion, plutôt qu'avec les airs effrontément avantageux des " artistes " trop contents d'eux-mêmes. Toute façon proprement contemporaine de voir l'existence même dans sa nouveauté s'appuiera sur une honnête façon d'aborder tous les problèmes, qu'il s'agisse de l'art ou de la morale. Il faut se débarrasser des façades postiches en architecture, des fausses valeurs dans la morale, ainsi que des faux-semblants de toute espèces. »

Edward Weston.

« Mon travail consiste pour une bonne part en un effort pour tout animer — même les objets que l'on prétend " inanimés " — en leur communiquant l'esprit de l'homme. J'ai fini peu à peu par comprendre que cette projection absolument animiste procède en fin de compte de la crainte et de l'inquiétude profonde que je ressens devant une mécanisation croissante de l'existence, devant les tentatives qui en résultent et qui visent à l'écrasement de la personnalité dans toutes les branches de l'activité humaine — ce processus d'ensemble étant l'une des formes d'expression dominantes du développement de notre société militaro-industrielle... Le photographe à l'esprit créatif libère le contenu humain des objets ; il introduit l'humanité dans le monde inhumain qui nous entoure. »

Clarence John Laughlin.

« On peut désormais tout photographier. »

Robert Frank.

« J'ai toujours préféré le travail en studio. Là, les êtres sont séparés de leur environnement. Ils deviennent en un sens... leur propre symbole. Il m'est apparu que les gens venaient à moi pour se faire photographier, comme ils iraient trouver un docteur ou une diseuse de bonne aventure — pour découvrir où ils en sont. Ainsi dépendent-ils de moi. Il faut que je les engage à se livrer. Sinon, il n'y aurait vraiment rien à photographier. Il faut que la concentration vienne de moi et qu'elle englobe leur présence. Cette concentration devient

204

parfois si forte que, dans le studio, tous les bruits sont effacés. Le temps est interrompu. Nous partageons une intimité brève et intense. Mais qui est imméritée. Elle n'a pas de passé... ni d'avenir. Et quand la pose est terminée — que l'image est fixée —, il ne reste plus que le photographe... le photographe est une sorte d'embarras. Ils partent... et je ne les connais pas. A peine ai-je entendu ce qu'ils ont pu dire. Si je les rencontre en un lieu quelconque, une semaine plus tard, je pense qu'ils ne vont pas me reconnaître. Car je ne crois pas avoir été vraiment là, devant eux. Tout au moins la part de moi-même qui se trouvait là est désormais dans la photographie. Et pour moi les photographies ont une réalité que n'ont pas les gens. Je les connais à travers les photographies. Il se peut que ce soit une caractéristique naturelle chez un photographe. Je ne suis jamais réellement impliqué. Je n'ai pas à me soucier d'avoir une connaissance réelle. Tout est simplement une question de reconnaissance. »

Richard Avedon.

« Le daguerréotype n'est pas simplement un instrument qui sert à dépeindre la nature... [Il] lui donne la possibilité de se reproduire elle-même. »

Louis Daguerre (Annonce destinée
à convaincre des investisseurs, 1838).

« Jamais les créations de l'homme ou de la nature n'ont revêtu un aspect plus grandiose que sur une photographie d'Ansel Adams, et ses images frappent le regard du spectateur avec plus de force que les objets naturels qu'elles reproduisent. »

Publicité pour un recueil de photographies
d'Ansel Adams (1974).

« Cette photographie Polaroïd SX-70 fait partie de la collection du Museum of Modern Art.

C'est une réalisation de Lucas Samaras, un des artistes les plus remarquables des Etats-Unis. Elle appartient à l'une des plus importantes collections du monde. Elle a été réalisée à l'aide du système de développement instantané le plus perfectionné qui soit au monde, celui du Polaroïd SX-70 Land. Des millions de personnes ont en main ce même appareil. Il possède une qualité et une souplesse d'utilisation permettant de prendre des clichés à partir d'une distance de 25 cm jusqu'à l'infini... Cette œuvre d'art de Samaras a été réalisée à l'aide du SX-70, qui est lui-même une œuvre d'art. »

Publicité (1977).

« Je fais des photographies qui sont, pour la plupart, bienveillantes, aimables et personnelles. Elles cherchent à laisser le spectateur libre de voir par lui-même. Elles ne voudraient pas le sermonner, et elles ne prennent pas la pose avantageuse de l'œuvre d'art. »

Bruce Davidson.

« On a créé de nouvelles formes artistiques par une sacralisation des formes périphériques. »

Viktor Shklovsky.

« ... Une industrie nouvelle se produisit, qui ne contribua pas peu à confirmer la sottise dans sa foi et à ruiner ce qui pouvait rester de divin dans l'esprit français. Cette foule idolâtre postulait un idéal digne d'elle et approprié à sa nature, cela est bien entendu. En matière de peinture et de statuaire, le *Credo* actuel des gens du monde, surtout en France... est celui-ci : " Je crois à la nature et je ne crois qu'à la nature (il y a de bonnes raisons pour cela). Je crois que l'art est et ne peut être que la reproduction exacte de la nature... Ainsi l'industrie qui nous donnerait un résultat identique à la nature serait l'art absolu. " Un Dieu vengeur a exaucé les vœux de cette multitude. Daguerre fut son Messie. Et alors elle se dit : " Puisque la Photographie nous donne toutes les garanties désirables d'exactitude (ils croient cela, les insensés !), l'art c'est la photographie. " A partir de ce moment, la société immonde se rue, comme un seul Narcisse, pour contempler sa triviale image sur le métal... Quelque écrivain démocrate a dû voir là le moyen, à bon marché, de répandre dans le peuple le dégoût de l'histoire et de la peinture. »

Baudelaire.

« La vie n'est pas en elle-même la réalité. Nous sommes ceux qui font pénétrer la vie dans les pierres et dans les galets. »

Frederick Sommer.

« Le jeune artiste a rendu, pierre par pierre, les cathédrales de Strasbourg et de Reims en plus de cent impressions différentes. Grâce à lui nous avons pu faire l'ascension de tous les clochers... Ce que nous n'aurions jamais pu découvrir de nos propres yeux, il l'a vu pour nous.... On croirait que les pieux artistes du Moyen Age avaient prévu le daguerréotype lorsqu'ils ont placé leurs statues et leurs ciselures de pierre à si grande hauteur que seuls les oiseaux tournant en cercles autour des flèches pouvaient s'émerveiller des détails et de la perfection... La cathédrale entière se recompose, en couches successives, en merveilleux effets de lumières, d'ombres et de pluie. Monsieur Le Secq a, lui aussi, bâti son monument. »

H. de Lacretelle,
dans *la Lumière*, 20 mars 1852.

« La nécessité de faire que les choses soient plus près de nous, spatialement et humainement, est devenue aujourd'hui presque une obsession, de même qu'une tendance à nier la qualité unique ou éphémère d'un événement quelconque en en faisant une photographie. On éprouve un besoin de plus en plus contraignant de reproduire les objets photographiquement, en gros plans... »

Walter Benjamin.

« Ce n'est pas par hasard que le photographe devient photographe, pas plus que le dompteur de lions ne devient accidentellement dompteur de lions. »

Dorothea Lange.

« Si j'étais simplement curieuse, il me serait bien difficile de dire à quelqu'un : " Je voudrais venir chez vous pour m'entretenir avec vous et que vous me racontiez l'histoire de votre vie. " On me répondrait, je pense : " Vous êtes cinglée ! " Et de plus les gens se tiendraient fortement sur leurs gardes.

207

Mais l'appareil photographique permet tout. Nombreux sont ceux qui voudraient qu'on leur porte un peu plus d'attention, et c'est là une sorte d'attention qu'il est raisonnable de leur offrir. »

Diane Arbus.

« ... Soudain un jeune garçon s'affaissa devant moi sur le sol. Je compris alors que la police n'effectuait pas de simples tirs de sommation. Ils tiraient dans la foule. D'autres enfants tombèrent... Je commençai à prendre des photos du jeune garçon mourant à côté de moi. Le sang coulait de sa bouche et quelques enfants s'agenouillèrent auprès de lui pour tenter d'arrêter ce flot de sang. Des enfants crièrent alors qu'ils allaient me tuer... Je les priai de me laisser tranquille. Je leur dis que j'étais un reporter et que j'étais là pour rendre compte de ce qui se passait. Une gamine me frappa à la tête avec une pierre. J'étais étourdi, mais encore debout.. Ils se montrèrent alors plus raisonnables, et certains m'entraînèrent plus loin. Pendant ce temps, des hélicoptères tournaient en rond au-dessus de nous, et il y avait encore ce bruit des coups de feu. C'était comme un rêve. Un rêve que je ne suis pas près d'oublier. »

Extrait d'un récit sur le début des émeutes de Soweto, par Alf Kumalo, reporter noir du *Johannesburg Sunday Times*, publié dans *The Observer* (Londres), dimanche 20 juin 1976.

« La photographie est l'unique " langage " qui soit compris dans toutes les parties du monde, et qui, réunissant toutes les nations, toutes les cultures, rassemble la grande famille humaine. Indépendante des influences politiques, partout où les populations sont libres, elle est le reflet véridique de la vie et des événements, elle nous permet de partager l'espérance ou le désespoir des autres, et éclaire les conditions sociales et les situations politiques. Nous devenons spectateurs et témoins de l'humanité ou de la sauvagerie de la race humaine... »

Helmut Gernsheim
(*Creative Photography*, 1962).

« La photographie est un système de publication visuelle. Il s'agit, au fond, de cadrer ce que l'on voit quand on se tient au bon endroit, au moment favorable. Comme aux échecs ou en littérature, il faut choisir entre un certain nombre de possibilités, mais, dans le cas de la photographie, les possibilités sont sans limites. »

John Szarkowski.

« Parfois j'installais l'appareil dans un coin de la pièce, m'asseyais à quelque distance, tenant à la main le bouton de télécommande de l'objectif, et je regardais nos gens, tandis que Mr. Caldwell s'entretenait avec eux. Il pouvait se passer une heure avant que leurs visages ou leurs gestes me donnent cette impression que nous voulions tenter d'exprimer ; mais, à l'instant même où cela se produisait, toute la scène était fixée sur la pellicule avant qu'ils sachent ce qui avait pu se passer. »

Margaret Bourke-White.

« Photo du maire de New York, William Gaynor, au moment où il fut assassiné, en 1910. Le maire partait en vacances en Europe et s'apprêtait à monter à bord d'un navire, au moment où se présenta un reporter photographe américain. Celui-ci demanda au maire de prendre la pose et, à l'instant où il braquait son appareil, deux coups de feu partirent de la foule. Le photographe avait conservé son calme au milieu de la confusion, et l'image du maire, éclaboussé de sang, qui s'affaisse entre les bras de l'un de ses collaborateurs, fait désormais partie de l'histoire de la photographie. »

Légende d'une photographie, dans
Clirck : A Pictorial History of the Photograph (1974).

« J'ai photographié notre cuvette de cabinet, ce réceptacle d'émail lisse, d'une beauté extraordinaire... Là se révèlent toutes les courbes sensuelles de " la divine face humaine ", mais sans ses imperfections. Jamais les Grecs ne sont parvenus à un semblable sommet dans leur culture, et elle me rappelait quelque peu, par le mouvement finement dessiné de ses contours, la Victoire de Samothrace. »

Edward Weston.

« Le bon goût à notre époque, dans une démocratie technologique, finit par n'être plus qu'un préjugé. L'art échoue complètement s'il se contente de créer le bon ou le mauvais goût. En cette matière, on peut tout aussi bien faire preuve de bon ou de mauvais goût dans le choix du modèle de réfrigérateur, des tapis ou des fauteuils que l'on fait entrer chez soi. Les véritables artistes de la photo tentent aujourd'hui de rendre l'art indépendant par rapport au simple goût. " Camera Art " doit être entièrement dépourvu de logique. Il faut qu'il y ait un vide logique pour que celui qui regarde l'œuvre y investisse sa propre logique et que l'œuvre en fait se réalise dans le regard de celui qui la voit. Elle devient ainsi la projection directe de la conscience du spectateur, de sa logique, de son éthique personnelle et de son goût. L'œuvre devrait renvoyer, comme par un effet de *feed back*, au prototype que le spectateur porte en lui-même. »

Les Levine

(« Camera Art », in *Studio International*, juillet/août 1975).

« Femmes et hommes — c'est un sujet impossible, car il ne saurait y avoir de réponse. On ne trouve des indices que par pièces et morceaux. Et, dans ce petit dossier, se trouvent les esquisses les plus informes de tout ce que cela peut signifier. Peut-être sommes-nous aujourd'hui en train de semer la graine de rapports plus honnêtes entre les femmes et les hommes.»

Duane Michals.

« Pourquoi conserve-t-on des photographies ?
— Pourquoi ? Dieu seul le sait ! Pourquoi conserver les choses — des babioles — des débris, des pièces, des morceaux ? Ça se fait, voilà tout !
— Jusqu'à un certain point, je suis d'accord. Il y en a qui conservent les choses. D'autres qui jettent tout du moment que ça ne peut plus servir. C'est vraiment là une question de tempérament. Mais je veux parler des photographies.. Pourquoi conserve-t-on tout spécialement des photographies ?
— Je l'ai dit. Parce qu'on refuse de jeter les choses, ou sinon, parce qu'elles nous rappellent...
Poirot s'empara du mot.
— Exactement. Elles nous rappellent quelque chose. Encore une fois à présent, demandons-nous pourquoi ! *Pourquoi* une femme garde-t-elle une de ses photographies, du temps de sa jeunesse ? Et je dis, la raison première, la plus essentielle, c'est la vanité. Elle a été ce que l'on nomme une jolie fille,

210

et elle garde une photographie pour se rappeler quel joli brin de fille elle était. Cela la réconforte quand son miroir lui montre ce qui n'est guère supportable. Peut-être dira-t-elle à un ami : " C'est moi... à dix-huit ans... " Et elle soupirera. Vous êtes d'accord ?

— Oui... Oui. Il me semble que c'est assez juste.

— Donc, raison n° 1 : la vanité. A présent, raison n° 2 : le sentiment.

— Mais c'est la même chose.

— Non, non. Pas tout à fait. Parce que cela vous amène à conserver, non seulement votre propre photographie, mais celle de quelqu'un d'autre... L'image de votre fille mariée, quand elle était enfant, installée sur un tapis, avec autour d'elle un voile de tulle... C'est parfois très embarrassant pour la personne qui a été photographiée, mais les mères aiment bien cela. Et les filles et les fils gardent souvent les images de leur mère, surtout si la mère est morte dans son jeune âge... " Voici ma mère, quand elle était jeune fille. "

— Je commence à voir où vous voulez en venir, Poirot.

— Et il est possible qu'il y ait une troisième catégorie. Ce n'est pas la vanité, ni le sentiment, ni l'amour — la *haine* peut-être.... Qu'en dites-vous ?

— La haine ?

— Oui. Garder tout vif un désir de revanche. Quelqu'un qui vous aura fait du tort... Vous pourriez garder une photographie pour vous en souvenir, n'est-ce pas ? »

Extrait de *Mrs. McGinty's Dead* d'Agatha Christie (1951).

« Auparavant, à l'aube du même jour, le cadavre d'Antonio Conselheiro avait été découvert par une commission désignée à cet effet. Il gisait dans l'une des cabanes, non loin du bosquet. Lorsqu'une mince couche de terre eut été déblayée, le corps apparut, enveloppé d'un misérable linceul — un drap sale sur lequel des mains pieuses avaient répandu quelques fleurs fanées. La dépouille de " l'agitateur célèbre et sanguinaire " reposait-là, sur une natte de joncs. Ils déterrèrent le corps avec précaution : c'était une chose précieuse — la seule prise, le seul butin de guerre que ce conflit pouvait offrir ! Ils prenaient grand soin qu'aucun membre ne se détache... Ensuite, ils le photographièrent et établirent un procès-verbal en bonne et due forme, certifiant son identité, car il fallait convaincre la nation tout entière que c'en était fait de ce terrible ennemi. »

Euclides da Cunha
(Extrait de *Rebellion in the Backlands*, 1902).

211

« Les hommes continuent de s'entre-tuer ; ils n'ont pas encore compris comment ils vivent et pourquoi. Les hommes politiques ne se sont pas rendu compte que la Terre formait un tout ; on a pourtant inventé la télévision (Telehor) : le " Far Seer " — demain, nous pourrons voir ce qu'il y a dans le cœur de tous les hommes, nous pourrons être partout, et nous serons encore seuls. On imprime — par millions — des livres illustrés, des journaux, des magazines. La réalité sans fard, la vérité de la situation quotidienne est là, à portée de toutes les catégories sociales. *L'hygiène de l'optique*, la santé du visible, lentement commence à réapparaître. »

Làzlo Moholy-Nagy (1925).

« A mesure que mon projet se précisait, il devenait évident que le lieu de mon installation comme photographe n'avait aucune importance. L'emplacement devait simplement me fournir l'occasion de pouvoir travailler... On ne voit que ce qu'on est prêt à voir — ce que reflète l'esprit à cet instant particulier. »

George Tice.

« Si je photographie quelque chose c'est pour savoir à quoi ça ressemblera une fois photographié. »

Garry Winogrand.

« Les promenades de Guggenheim représentaient de difficultueuses chasses au trésor. De faux indices venaient sans cesse brouiller la bonne piste. Des amis nous conduisaient aux sites, aux perspectives, aux groupes qui avaient leur préférence. Parfois le tuyau était bon et Weston savait en tirer profit, parfois sa valeur se révélait nulle... et nous avions parcouru des miles en pure perte. A cette période, j'en étais venue à ne trouver aucun plaisir à un paysage devant lequel Edward ne serait pas prêt à braquer son appareil ; aussi ne risquait-il pas grand-chose lorsqu'il me disait, la tête reposant sur le dossier de son siège : " Ce n'est pas que j'aie sommeil... Je repose un peu ma vue. " Il savait que mes yeux étaient là pour le servir et qu'au moment où apparaîtrait

quelque chose qui aurait vraiment l'air d'un " Weston ",
j'arrêterais la voiture et le réveillerais. »

Charis Weston, citée par Ben Maddow,
dans *Edward Weston : Fifty Years* (1973).

« Le polaroïd SX-70. Impossible de s'arrêter
Où que vous regardiez, vous voyez aussitôt une photo...

Vous appuyez sur le contact électrique rouge... Whoop !
Voilà, ça y est. Vous regardez l'image prendre vie, les contours s'aviver, les détails apparaître ; au bout de quelques minutes, vous avez une impression absolument parfaite. Sans
plus tarder, vous prenez d'autres clichés rapides — à une
seconde et demie d'intervalle — en cherchant de nouveaux
angles de vue ou en refaisant immédiatement la même chose.
Le SX-70 devient comme une part de vous-même, tandis
qu'il circule sans effort à travers la vie... »

Publicité (1975).

« Nous regardons la photographie, l'image accrochée au
mur, comme s'il s'agissait réellement de l'objet (homme, paysage, ou autres) qui y est dépeint.
Il pourrait en être autrement. Il nous est facile d'imaginer
des personnes qui n'auraient pas un rapport du même genre
avec ces images, qui, par exemple, répugneraient à regarder
des photographies parce qu'un visage non coloré, ou même
un visage de dimensions réduites, leur paraîtrait avoir un
aspect inhumain. »

Wittgenstein.

« S'agit-il...
  du test de résistance d'un essieu ?
  d'une culture de virus ?
  d'une expérience de laboratoire ?
  de la scène d'un crime ?
  d'un œil de tortue verte ?
  d'un diagramme de marketing ?
  d'aberrations chromosomiques ?
  de la page 173 de l'*Anatomie* de Gray ?
  d'un électrocardiogramme ?

213

d'une transcription linéaire d'une œuvre d'art quelconque ?

du trois millionième exemplaire du timbre Eisenhower 8 cents ?

d'une infinitésimale fêlure de la quatrième vertèbre ?

d'une repro de cette admirable diapositive 35 mm que vous avez faite ?

de votre dernier modèle de diode agrandi treize fois ?

d'une étude métallographique d'acier au vanadium ?

d'un modèle réduit de haute mécanique ?

d'une glande lymphatique agrandie ?

des résultats d'une électrophorèse ?

de la carie dentaire la plus mal soignée du monde ?

de la carie dentaire la mieux soignée du monde ?

Comme cette énumération le montre, il n'y a pas de limite au genre d'objets qu'on peut éprouver le besoin de photographier. Par bonheur, comme le prouvent les caractéristiques des appareils ci-dessous, les possibilités des appareils Polaroïd Land sont elles-mêmes à peu près illimitées. Et, comme vous pouvez opérer sur-le-champ, si vous avez l'impression que quelque chose vous a échappé, il vous suffit de reprendre aussitôt un autre cliché... »

Publicité (1976).

« Un objectif qui parle de la perte, de la destruction, de la disparition des objets. Il ne parle pas de lui. Il nous parle de tout ce qui est autre.. Pourra-t-il s'en emparer ? »

Jasper Johns.

« Belfast, Irlande du Nord — les habitants de Belfast achètent, par centaines, des cartes postales représentant les destructions qui ont affecté leur ville. Sur le document qui a le plus de succès, on voit un jeune garçon en train de jeter une pierre sur un blindé britannique... D'autres montrent des maisons incendiées, des troupes en position de combat dans les rues de la cité et des enfants qui jouent parmi des ruines fumantes. Chaque carte postale coûte quelque 25 cents dans les trois magasins Gardener.

" Même à ce prix, on nous l'achète par cinq ou six à la fois ", nous a déclaré Rose Lehane, qui dirige un de ces magasins. Mrs. Lehane nous a assuré qu'elle avait vendu plus de mille cartes postales en l'espace de quatre jours.

" Etant donné qu'il y a peu de touristes à Belfast, les acheteurs, a-t-elle ajouté, sont des gens de Belfast, des jeunes gens, pour la plupart, qui veulent les garder comme souvenirs. "

Neil Shawcross, un habitant de Belfast qui avait acheté deux séries complètes de ces cartes, nous a expliqué : " Je pense que ce sera intéressant de nous rappeler plus tard ce qui se passe de nos jours, et je veux que mes enfants puissent le voir quand ils auront grandi. "

" Ces cartes postales, c'est pour les gens une excellente chose ", assure Alan Gardener, l'un des directeurs de la chaîne de magasins. " Beaucoup trop de gens s'efforcent de fermer les yeux devant la situation, en prétendant que ce sont des inventions ; sans doute faut-il quelque chose dans ce genre pour les secouer et les forcer à mieux voir. "

" Tous ces événements nous ont coûté très cher, avec les bombes et les incendies dans nos magasins ", a encore déclaré M. Gardener. " Ce ne serait pas une mauvaise chose s'ils pouvaient en retour nous rapporter quelque peu. " »

New York Times du 29 octobre 1974
(« Postcards of Belfast Strife are Best-Sellers There »)
(« Ventes record à Belfast des cartes postales concernant la guerre civile »).

« La photographie est un outil qui permet de traiter tout ce dont on a pu avoir connaissance sans avoir eu à s'en occuper. Mes photographies veulent représenter quelque chose que vous ne voyez pas. »

Emmet Gowin.

« L'appareil photographique représente une façon d'aller, d'une manière fluide et changeante, à la rencontre d'une autre réalité. »

Jerry N. Uelsmann.

« Oswiecim : Pologne. Près de trente ans après la fermeture du camp de concentration d'Auschwitz, les boutiques de souvenirs, les réclames de Pepsi-Cola et l'atmosphère de parc d'attraction diminuent apparemment l'impression d'horreur qui s'attache à ces lieux.

Bravant les pluies glacées d'automne, des milliers de Polonais, auxquels se mêlent quelques étrangers, viennent chaque jour visiter Auschwitz. La plupart sont assez modestement vêtus, et trop jeunes à l'évidence pour se souvenir de la Seconde Guerre mondiale.

Ils circulent en groupes à travers les baraquements où étaient logés les déportés, regardent les chambres à gaz et les fours crématoires, se penchent avec intérêt sur des spectacles d'horreur : telle cette immense vitrine, pleine de chevelures humaines que les SS utilisaient pour fabriquer des tissus... Dans les boutiques de " souvenirs ", les visiteurs peuvent acheter tout un choix de badges d'Auschwitz, avec des inscriptions en polonais et en allemand, ou des cartes postales dont les couleurs rappellent celles des chambres à gaz et des fours crématoires, ou encore des stylos à bille, " souvenirs d'Auschwitz ", qui révèlent des images semblables lorsqu'on les présente à la lumière. »

The New York Times, 3 novembre 1974
(« At Auschwitz, a Discordant Atmosphere of Tourism »).

« A notre ancien monde se sont substitués les media. Et si nous avions encore le désir de recouvrer ce monde ancien, nous ne pourrions le faire qu'en analysant avec le plus grand soin les processus par lesquels les media sont parvenus à l'engloutir. »

Marshall McLuhan.

« ... Un grand nombre de visiteurs étaient venus de la campagne, et certains, peu familiarisés avec les usages de la ville, étalaient des journaux sur les terrasses goudronnées dominant les fossés du palais, puis, déballant leurs provisions de bouche et leurs baguettes, s'asseyaient pour manger et bavarder tandis que la foule défilait devant eux. L'attrait qu'exerçait sur eux la majesté des jardins impériaux ajoutait encore à la fièvre qui s'empare des Japonais lorsqu'ils se livrent à leur goût de la photographie. A en juger par l'incessant crépitement des déclencheurs, non seulement toutes les personnes qui se trouvaient là mais aussi la moindre branche ou touffe de gazon semblaient mériter d'être fixés en détail sur la pellicule. »

The New York Times, du 3 mai 1977 : « Japan Enjoys 3 Holidays of " Golden Week " by Taking a 7-Day Vacation from Work » ; (« A l'occasion des 3 jours fériés de la « Semaine dorée », 7 jours de congé sont accordés aux travailleurs »).

« Je m'exerce sans cesse mentalement à photographier tout ce que je vois. »

Minor White.

« Tous les daguerréotypes sont préservés... Les empreintes de tout ce qui a existé subsistent, répandues à travers les différentes zones de l'espace infini. »

Ernest Renan.

« Sur l'image, ces personnes vivent aussi intensément que lorsqu'elles furent saisies sur ces anciennes plaques photographiques il y a plus de soixante ans... Je me promène dans leurs allées, je me tiens là dans leurs chambres, leurs hangars et leurs ateliers regardant à travers leurs fenêtres. Et eux aussi semblent avoir conscience de ma présence. »

Ansel Adams (Extrait de la préface de
Jacob A. Riis : Photographer & Citizen, 1974).

« L'appareil photographique est d'un apport incomparable quand il s'agit de voir objectivement. Avant d'adopter quelque position que ce soit, il nous faudra voir ce qui est visuellement exact, ce qui est porteur de sa propre explication, ce qui est objectif. Seront ainsi abolies ces structures picturales et ces associations d'idées que rien n'était venu remplacer depuis que de grands peintres, des siècles auparavant, les avaient imposées à notre vision.

Un siècle de photographie et deux décennies de cinéma ont à ce point de vue énormément enrichi notre expérience. Nous pouvons dire que nous voyons le monde d'un œil totalement différent. Néanmoins, jusqu'à ce jour, nous n'en avons guère tiré autre chose qu'une sorte d'encyclopédie visuelle. Ce n'est pas suffisant. Il nous faut produire d'une façon systématique, car il est pour nous d'importance vitale de créer de *nouveaux rapports*. »

Laszlo Moholy-Nagy (1925).

« Quiconque connaît la valeur de l'amour familial dans les milieux ouvriers et qui aura vu ces arrangements de petits

217

portraits au-dessus de la cheminée d'une maison de travailleur... ne manquera sans doute pas de penser, comme moi, qu'en s'opposant aux courants qui, dans notre société industrielle, sapent les bases saines de l'affection familiale, la photographie à deux sous fait beaucoup plus pour les pauvres que tous les philanthropes du monde. »

Macmillan's Magazine (Londres),
septembre 1871.

« Mais qui donc, à son avis, serait susceptible d'acheter une caméra à développement instantané ? Le Dr Land pense qu'il faut regarder du côté de la mère de famille.

Elle n'aura qu'à braquer l'appareil, presser le déclencheur et laisser faire pour, quelques minutes plus tard, revivre l'attitude de son enfant qui l'avait saisie, ou bien une fête d'anniversaire. Et ils sont encore nombreux ceux qui préfèrent garder des images plutôt qu'accumuler des objets. Les mordus du tennis et du gol pourront, en repassant le film, juger de la valeur de leurs " swings ". Dans les établissements industriels, dans les écoles, et dans d'autres secteurs, cette possibilité de repasser l'image, associée à d'autres types d'équipements, sera particulièrement utile... La *Polavision* ne connaît pas plus de frontière que l'imagination. Il y a, pour cet appareil de Polavision et pour de futurs appareils, une infinité d'usages possibles. »

The New York Times du 8 mai 1977
(« A Preview of Polaroïd's New Instant Movies »)
(« L'avenir des nouvelles cameras Polaroïd »).

« La plupart des moyens modernes de reproduction des formes de la vie — y compris l'appareil photographique — en rejettent le meilleur. Nous avalons les pires choses et le meilleur ne passe pas. »

Wallace Stevens.

« La guerre m'a jeté, sous l'uniforme, au cœur d'une atmosphère mécanique. J'y ai découvert la beauté de la pièce détachée. Dans le détail d'une machine, dans l'objet ordinaire, j'ai senti la présence d'une autre réalité. J'ai tenté de découvrir la qualité plastique de ces fragments de notre vie moderne. Je les retrouvais sur l'écran, dans les gros plans des objets qui m'impressionnaient et m'influençaient. »

Fernand Léger (1923).

« 575. 20 **Les branches de la photographie.**

L'aérophotographie, photographie aérienne,
l'astrophotographie,
la photographie « à la sauvette »,
la chromophotographie,
la chronophotographie,
la cinématographie,
la cinéphotomicrographie,
la cystophotographie,
l'héliophotographie,
la photographie aux infra-rouges,
la macrophotographie,
la microphotographie,
la photographie miniaturisée,
la phonophotographie,
la photogrammétrie,
la photomicrographie,
la photospectrohéliographie,
la phototopographie,
la phototypographie,
la phototypie,
la pyrophotographie,
la radiographie,
la sculptographie,
la radiophotographie,
la skiagraphie,
la spectrohéliographie,
la spectrophotographie,
la photographie stroboscopique,
la téléphotographie,
l'uranophotographie,
la photographie aux rayons X. »

Extrait du Roget's International Thesaurus,
(troisième édition).

« Au cours du printemps 1921, deux appareils de prises de vue automatiques, invention étrangère récente, furent installés à Prague ; ils reproduisaient les attitudes, six fois, dix fois, ou plus, d'une même personne sur la même planche de photos.

Je montrai une série de ces clichés à Kafka, et lui dis en plaisantant : " Pour à peu près deux couronnes, on peut se faire photographier sous tous les angles. C'est le *Connais-toi toi-même* automatique. "

" Vous voulez dire le *Trompe-toi toi-même* automatique ", répliqua Kafka, avec un léger sourire.

Je protestai : " Que dites-vous ? L'appareil ne peut pas mentir ! "

Kafka inclina la tête sur son épaule : " D'où tenez-vous cela ? La photographie concentre le regard sur le superficiel. Ainsi elle obscurcit la vie secrète qui brille à travers les contours des choses dans un jeu d'ombre et de lumière. On ne peut pas saisir cela, même à l'aide des plus puissantes lentilles. Il faut en approcher intérieurement à pas de loup... Cet appareil automatique ne multiplie pas les regards des hommes ; il ne fait que donner à voir les choses sous un aspect fantastiquement simplifié. " »

Extrait de *Conversations avec Kafka* de Gustav Janouch.

« Sur tout son épiderme, la vie apparaît totalement présente : une vitalité prête à s'exprimer tout entière dans la saisie de l'instantané, dans la fixation d'un léger sourire embarrassé, d'un mouvement de la main, d'un fugitif rayon de soleil passant à travers les nuages. Et aucun instrument, si ce n'est l'appareil photographique, ne pourrait enregistrer des réactions aussi complexes et éphémères, et exprimer pleinement la solennité de l'instant. Aucune main d'artiste ne pourrait l'exprimer, car l'esprit est incapable de retenir la vérité immuable de l'instant pendant un temps assez long pour que les doigts trop lents puissent inscrire les masses importantes de détails qui l'expriment. Les impressionnistes se sont vainement efforcés d'y parvenir. En effet, ce qu'ils tentaient, consciemment ou inconsciemment, d'indiquer par des effets de lumière, c'était la vérité de l'instant ; l'impressionnisme a toujours tenté de fixer la vérité d'être là, juste à ce moment. Mais les effets momentanés de l'éclairement leur échappaient à cet instant où ils cherchaient à l'analyser ; et, de leur " impression ", il ne reste habituellement que des séries d'impressions qui se superposent. Steiglitz fut mieux inspiré. Il alla directement à l'instrument qui était fait pour lui. »

Paul Rosenfeld.

« Mon instrument de travail, c'est l'appareil photographique. Je puis, grâce à lui, donner un sens à tout ce qui m'entoure. »

André Kertész.

« *Un double nivellement, ou une méthode de nivellement qui se trahit elle-même.* Grâce au daguerréotype, n'importe qui peut faire exécuter son propre portrait — auparavant, les notables seuls pouvaient se le permettre ; et tout concourt, dans le même temps, à ce que nous ayons tous exactement le même aspect — ainsi n'aurions-nous plus besoin que d'un seul et unique portrait. »

Kierkegaard (1854).

« Photographiez un kaléidoscope. »

William H. Fox Talbot
(note manuscrite datée du 18 février 1839).

Table

IMP. AUBIN À LIGUGÉ (VIENNE)
D.L. 2ᵉ TRIM. 1979. Nº 5235 (L.11553)